C.H.BECK ■ **WISSEN**

Warum führte das Attentat von Sarajewo, das serbische Nationalisten am 28. Juni 1914 auf Erzherzog Franz Ferdinand und seine Frau verübten, zum Ersten Weltkrieg? Ist Europa in den Krieg «hineingeschlittert», wie es der britische Premier Lloyd George einst formulierte? Oder lassen sich klare Verantwortlichkeiten benennen? Auf der Grundlage zeitgenössischer Quellen und langjähriger Forschungen schildert Annika Mombauer die Geschichte der Julikrise – vom Tod des Thronfolgers bis zur englischen Kriegserklärung an Deutschland am 4. August 1914. Dabei grenzt sie sich klar von neueren Tendenzen ab, die Verantwortung Österreich-Ungarns und des Deutschen Reiches für die Eskalation der Krise zu verwischen. Die politische und militärische Führung beider Länder wollte den außenpolitischen Befreiungsschlag und riskierte damit leichtsinnig einen Weltkrieg. Dass dieser allerdings zur «Urkatastrophe» des 20. Jahrhunderts werden würde, konnte im Juli 1914 niemand ahnen.

Annika Mombauer ist Senior Lecturer an der Geschichtsfakultät der Open University in Milton Keynes, Großbritannien. Sie ist eine der weltweit führenden Experten zur Julikrise.

Annika Mombauer

DIE JULIKRISE

Europas Weg in den Ersten Weltkrieg

Verlag C.H.Beck

Mit zwei Karten
auf den Umschlaginnenseiten (gefertigt von Peter Palm, Berlin)

Originalausgabe
© Verlag C.H.Beck oHG, München 2014
Satz: Fotosatz Amann, Memmingen
Druck und Bindung: Druckerei C.H.Beck, Nördlingen
Umschlagentwurf: Uwe Göbel, München
Umschlagabbildung: Der Kaiser auf dem westlichen
Kriegsschauplatz, 1917 © akg-images
Printed in Germany
ISBN 978 3 406 66108 2

www.beck.de

Inhalt

Einleitung:
Hundert Jahre Julikrise

Der 28. Juni 1914, ein Sonntag, war der letzte Tag des offiziellen Besuches von Erzherzog Franz Ferdinand, dem österreichisch-ungarischen Thronfolger, und seiner Frau Sophie von Hohenberg in Bosnien, und auf dem Programm stand eine Fahrt durch die Hauptstadt der Provinz, Sarajewo. Beide werden sich auf diesen Tag gefreut haben, konnten sie doch hier – abseits des steifen Zeremoniells am Wiener Hof – das feierliche Programm ihres Besuches Seite an Seite genießen. Da sie als nicht ebenbürtiger Ehepartner angesehen wurde, durfte seine Frau Sophie bei offiziellen Anlässen zu Hause in Wien nicht an der Seite ihres Gatten erscheinen. Hier in Bosnien, im fernen Winkel des österreichisch-ungarischen Reiches, konnten solche Förmlichkeiten entfallen, und der Besuch war für das Paar – trotz vorheriger Warnungen, dass seine Sicherheit nicht garantiert sei – zu einem überraschend schönen Ereignis geworden. Die Eheleute hatten bereits drei Tage in Bosnien verbracht und sich dort unerwarteter Beliebtheit erfreut. Am 27. Juni erklärte Sophie dem Vizepräsidenten des kroatischen Parlaments, Josip Sunarić, dann auch, seine Warnung vor möglichen Gefahren gegenüber dem österreichischen Militärgouverneur Oskar Potiorek sei ganz und gar unberechtigt gewesen: «Wo immer wir waren, haben uns alle, bis auf den letzten Serben, mit solcher Freundlichkeit, Höflichkeit und echter Wärme begrüßt, dass wir mit unserem Besuch sehr glücklich sind», schwärmte sie. Fast prophetisch erwiderte Sunarić, er hoffe, dass die Erzherzogin diese Worte am nächsten Tag würde wiederholen können. «Eine große Last wird von meinen Schultern fallen.»

Aber der 28. Juni war auch St. Veitstag, an dem 1389 die serbische Armee von Truppen des Osmanischen Reiches auf dem Amselfeld im Kosovo besiegt worden war – ein zwar jähr-

lich begangener, aber von den Serben 1914 besonders gefeierter
Gedenktag, denn der Kosovo war im vorangegangenen Balkankrieg erobert worden. Sicherlich kein gut gewählter Termin, um
ausgerechnet den Thronfolger der österreich-ungarischen Doppelmonarchie, die 1908 Bosnien und Herzegowina annektiert hatte,
in die Hauptstadt dieser umstrittenen Region zu schicken. Der
Besuch wurde von Serben innerhalb und außerhalb Bosniens als
Provokation gesehen. Die Annexion hatten sie nicht verwun-
den, und viele strebten ein großserbisches Reich für alle Serben
an. Dies schien mit den beiden Balkankriegen von 1912 und
1913 in Reichweite zu rücken, denn Serbien hatte die Türkei und
Bulgarien besiegen, sein Gebiet fast verdoppeln und seine Ein-
wohnerzahl von drei auf 4,5 Millionen erhöhen können. Nun
galt es nur noch, die außerhalb der neuen Landesgrenzen befindlichen, von Serben bewohnten Gebiete zu gewinnen. Ungefähr
zwei Millionen Serben lebten in Österreich-Ungarn und etwa
850 000 davon in Bosnien-Herzegowina.

Vor diesem Hintergrund also hatte man Franz Ferdinand
nach Bosnien entsandt, um Truppenmanöver zu inspizieren, und
ausgerechnet am St. Veitstag war das krönende Ereignis seines
Aufenthalts vorgesehen, der offizielle Besuch in der Hauptstadt
Sarajewo. Er endete bekanntlich mit einer folgenreichen Tragödie:
Der österreichisch-ungarische Thronfolger und seine Frau Sophie
wurden am Vormittag von einem jungen bosnischen Serben
namens Gavrilo Princip erschossen. Dieses Attentat war von
langer Hand vorbereitet und an der im Vorhinein in der Presse
angekündigten Route waren gleich mehrere Attentäter postiert
worden. Weder geplant noch vorhersehbar war allerdings, dass
es der Auslöser für eine internationale Krise werden sollte, die
Anfang August 1914 in dem von vielen schon lange befürchteten – von einigen sogar geradezu herbeigesehnten – Krieg
zwischen den Großmächten endete. Der Tod eines Mannes in
Sarajewo sollte zum Tod von Millionen Menschen im Ersten
Weltkrieg führen. Und dieser Erste Weltkrieg war mit dem
Waffenstillstand im November 1918 und dem Deutschland
aufgezwungenen Friedensschluss von 1919 noch immer nicht
ausgestanden, sondern führte später zu einem zweiten, noch

katastrophaleren Krieg. Es ist nicht übertrieben zu behaupten, dass diese Juliwochen 1914, die sogenannte Julikrise, als in den Hauptstädten der Großmächte über Krieg und Frieden entschieden wurde, prägend für die gesamte Geschichte des 20. Jahrhunderts waren. Daher ist es auch sicherlich gerechtfertigt, in diesem Krieg die «Urkatastrophe» dieses Jahrhunderts zu sehen (George Kennan). Wie und warum es zu diesem Krieg kam, ist das Thema dieses Buches.

Die Frage nach den Kriegsursachen, oder genauer, die Frage nach der Kriegsschuld, hat erst Regierungen und später zahllose Historiker beschäftigt. Um sie zu beantworten, wurden die Ereignisse der letzten Friedenswochen akribisch recherchiert und kritisch durchleuchtet. Der Krieg hatte unvorstellbares Leid verursacht. Alle an ihm Beteiligten wollten nicht nur seine Ursache verstehen, sondern natürlich auch jegliche Schuld von sich weisen, an der Verursachung dieser Katastrophe selbst beteiligt gewesen zu sein. Das machte es so wichtig, vor der eigenen Bevölkerung, vor den Feinden, aber auch vor dem Urteil der Nachwelt das eigene Handeln zu rechtfertigen und zugleich das der Feinde als kriegstreibend bloßzustellen.

Zunächst schien diese Frage leicht zu beantworten. Als die Sieger sich 1919 in Versailles trafen, gab es für sie keinen Zweifel: Deutschland und seine Verbündeten waren es, die den Krieg absichtlich vom Zaun gebrochen hatten und jetzt für dieses Verbrechen bestraft werden mussten. Der berühmte Kriegsschuldartikel des Versailler Vertrages machte in noch nie zuvor praktizierter Weise ein Land für den Krieg verantwortlich. Die Sieger entschieden: «Die alliierten und assoziierten Regierungen erklären und Deutschland erkennt an, dass Deutschland und seine Verbündeten als Urheber für alle Verluste und Schäden verantwortlich sind, die die alliierten und assoziierten Regierungen und ihre Staatsangehörigen infolge des Krieges, der ihnen durch den Angriff Deutschlands und seiner Verbündeten aufgezwungen wurde, erlitten haben.»

Die alleinige Verantwortung für den Ausbruch des Krieges trugen demnach Deutschland und seine Verbündeten – und damit auch für die zahlreichen Gräueltaten in den Ländern, in die deutsche Soldaten eingefallen waren; für die wirtschaftlichen Schäden, die die Entente-Länder (Großbritannien, Frankreich, Russland und deren Verbündete) erlitten hatten; für den Tod von fast zehn Millionen Soldaten, die im Krieg ihr Leben gelassen hatten; für das unmenschliche Leid von Millionen körperlich und seelisch Verwundeten, Verstümmelten, von Witwen und Waisen. Aber in Deutschland wies man diese Vorwürfe von sich. «Mitten im Frieden überfällt uns der Feind», hatte der deutsche Kaiser Wilhelm II. am 4. August 1914 verkündet, und die Nachricht war auf unzähligen Postkarten, Propagandapostern und in der Presse im Reich verbreitet worden. In Deutschland war die Bevölkerung ebenso davon überzeugt gewesen, einen Verteidigungskrieg zu führen, wie in England oder Frankreich. Dass man nun selber als Angreifer dargestellt wurde, war unannehmbar, nicht zuletzt, weil die immensen alliierten Reparationsansprüche auf dieser Kriegsschuldzuweisung basierten. In Deutschland arbeiteten deshalb die Weimarer Regierungen mit Historikern und Publizisten an der Widerlegung dieser «Schuldlüge». Die Revision des Versailler Vertrages wurde zum Ziel der offiziellen Geschichtsschreibung der zwanziger Jahre, und als sich in den dreißiger Jahren die Überzeugung durchsetzte, das vor dem Krieg bestehende Bündnissystem (also die Triple-Entente Frankreich, Russland, Großbritannien auf der einen, Deutschland, Österreich-Ungarn und Italien auf der anderen Seite) sei für den Ausbruch des Krieges verantwortlich zu machen, und sich damit der internationale Konsens zugunsten Deutschlands wandte, sah sich dieser Versuch von Erfolg gekrönt: Europa sei in den Krieg «geschlittert», brachte es versöhnlich David Lloyd George in seinen Memoiren 1933 auf den Punkt.

Erst in den sechziger Jahren wurde diese Sichtweise in der nach dem Historiker Fritz Fischer benannten «Fischer-Kontroverse» hinterfragt. Fischer hatte in seinem einflussreichen und kontroversen Werk *Griff nach der Weltmacht* Deutschland die Hauptschuld am Ausbruch des Krieges zugeschrieben. Fünfzig Jahre später, zum hundertsten Jahrestag der Julikrise, hat sich das Blatt erneut gewendet; es wird vielfach argumentiert, dass der Kriegsausbruch nicht durch die Handlungen eines Landes oder einer Regierung erklärt werden kann. Nur ein internationaler Vergleich, so der Konsens unter Historikern, könne erklären, wie es zum Ersten Weltkrieg gekommen sei. Dabei wird auch die Ansicht vertreten, dass man Deutschland und seine Verbündeten 1919 zu Unrecht für den Ausbruch des Krieges verantwortlich gemacht habe. In den neuesten Studien zum Thema wird zum Beispiel die Verantwortung Russlands (Sean McMeekin) oder Frankreichs (Stefan Schmidt) in den Blickpunkt gerückt oder die Verantwortung aller und die Schuld keines Landes hervorgehoben. So bezweifelt Christopher Clark, ob es überhaupt sinnvoll sei, ein *blame game* zu spielen.

Wegen der Konsequenzen, die die verschiedenen Deutungen für die nationale Schuldzuweisung haben, ist in dieser verzwickten historiografischen Debatte der Hintergrund des Attentats und sind die Wochen, die zwischen der Ermordung von Erzherzog Franz Ferdinand in Sarajewo und dem Ausbruch des Ersten Weltkrieges liegen, von Historikern über Jahrzehnte bis ins kleinste Detail untersucht worden. Einigkeit darüber, wie die Entscheidungen, die in diesen schicksalhaften Wochen von Europas Staatsmännern getroffen wurden, zu bewerten sind, ist aber trotz dieser ungeheuren und wohl für kaum ein anderes historisches Ereignis zuvor aufgebrachten Akribie bei der historischen Erforschung bislang nicht erzielt worden. Daran wird wohl auch die Fülle der zum Anlass des hundertjährigen Jahrestags publizierten neuen Studien nichts ändern. Zwar spricht man heute weniger von Kriegsschuld als von Verantwortlichkeit, aber ungeachtet solcher semantischen Finessen ist doch letztlich das Gleiche gemeint: die Frage nach der Ursache des Krieges.

Über lange Zeit war die Kriegsschuldfrage ein politisch höchst relevantes Thema. Wer Deutschlands Verantwortung bezweifelte oder relativierte, galt als «Revisionist», wer die Ententemächte beschuldigte, als «Apologet» – die Sprache der Debatte ist aufschlussreich und zeugt davon, wie emotional aufgeladen das Thema seit jeher war. Diese Emotionalität liegt auch darin begründet, dass der Ausgang des Ersten Weltkrieges und die von der deutschen Bevölkerung als Schmach empfundene Alleinschuldklausel des Versailler Vertrages als eine der wesentlichen Ursachen für die Entstehung des Zweiten Weltkrieges betrachtet werden. Als besonders kontrovers galt auch die angeblich direkte Verbindung zwischen den von Fritz Fischer herausgearbeiteten deutschen Kriegszielen von 1914 und Hitlers Kriegszielen von 1939. Die Behauptung, Deutschland habe zwei Angriffskriege im 20. Jahrhundert zu verantworten, war in den sechziger Jahren, als ein geteiltes Deutschland sich an der vordersten Front des Kalten Krieges befand, von besonderer politischer Bedeutung.

Die Frage der Kriegsschuld steht also immer dann im Raum, wenn die Julikrise Thema ist, und erst seit jüngster Zeit ist es möglich geworden, das Problem ohne persönliche Betroffenheit und gewissermaßen unparteiisch zu untersuchen, denn es hat an politischer Relevanz nach hundert Jahren etwas eingebüßt. Dies war nicht so, als die internationalen Streitigkeiten um die Kriegsschuld in der Zwischenkriegszeit von Zeitgenossen ausgefochten wurden, die den Ersten Weltkrieg selber erlebt hatten, und auch die in Deutschland so kontrovers geführte Fischer-Debatte der sechziger Jahre hatte eine zeitgeschichtliche politische Relevanz, die die Leidenschaft der Debattierenden erklären kann. Nach einem Jahrhundert ist das Thema jedoch in geschichtliche Distanz gerückt, weswegen es Historikern heute leichter fällt, an die Frage der Verantwortung für den Kriegsausbruch heranzutreten. Das heißt aber noch nicht, dass es zu einer «Uniformität der Meinungen» gekommen wäre (Ernest May und Samuel Williamson); Historiker streiten sich weiterhin um die Kriegsursachen, sind aber heute eher bereit, andere Meinungen zu dulden, als vor fünfzig oder hundert Jahren.

Bei der Suche nach der Kriegsursache profitieren Historiker besonders davon, dass die Regierungen der Großmächte in nie zuvor da gewesener Weise ihre geheimen Archive öffneten und in der Nachkriegszeit unzählige Dokumente publizierten, die entweder die eigene Kriegsschuld infrage stellen oder die Schuld der Gegner hervorheben sollten. Mit diesen offiziellen Editionen und den später von Historikern in Archiven entdeckten Quellen stehen uns unzählige Dokumente aus der Vorkriegszeit zur Verfügung, die es erlauben, die Julikrise minutiös nachzuerleben. Der vorliegende Band basiert auf dieser außerordentlichen Fülle von Quellen und zeitgenössischen Memoiren. Er beleuchtet die Julikrise international, stellt die Entscheidungen dar, die in den Hauptstädten Europas getroffen wurden, und fragt nach ihrem Stellenwert auf dem Weg in den Ersten Weltkrieg. Dabei wird auch zu fragen sein, ob andere Entscheidungen hätten getroffen werden können und der Krieg dann vielleicht vermeidbar gewesen wäre.

Denn wenn auch die Frage nach der Kriegsschuld heute nicht mehr so häufig gestellt wird, geblieben ist das Bedürfnis, den Ausbruch des Krieges zu erklären. Anders als in Deutschland, wo der Erste Weltkrieg vom Zweiten überschattet wurde, hat der Krieg von 1914 bis 1918 im angelsächsischen Raum an morbider Faszination nie eingebüßt, und die Frage nach der Ursache dieser «Urkatastrophe» beschäftigt Historiker, Studierende und ein breites Publikum weiterhin – nicht zuletzt, weil vielfach behauptet wird, Großbritannien hätte sich aus diesem Krieg heraushalten können und sollen. Dieses Argument wird hinfällig, sobald man den Kriegsausbruch mit dem Wunsch Deutschlands nach Festigung der eigenen Weltmachtposition erklären kann. Denn dann erscheinen die enormen Opfer, die Großbritannien im Ersten Weltkrieg gebracht hat, zwar weiterhin als bedauerlich, aber wenigstens als unvermeidlich. War aber der Krieg ein Unfall, aus dem Großbritannien sich hätte heraushalten können, oder war er gar von Großbritanniens Alliierten bewusst herbeigeführt worden, so wären diese Opfer für keinen guten Grund gebracht worden. Die Frage nach der Ursache des Krieges ist so auch heute noch in diesem Kontext von besonderer Bedeutung.

Liest man die neuesten Forschungsergebnisse, gewinnt man leicht den Eindruck, Europa könne 1914 tatsächlich in den Krieg «geschlittert» sein, wie es David Lloyd George behauptete. Im Folgenden wird jedoch argumentiert, dass eine solche Relativierung von Verantwortung einer kritischen Probe nicht standhält. Die Regierungen der Großmächte sind nicht hilflos in den Krieg geschlittert (die Bevölkerung tat es allerdings), und nicht jede Regierung war in gleichem Maße verantwortlich für die Eskalation der Krise, die mit dem Fürstenmord in Sarajewo begann.

Vielmehr kann gezeigt werden, dass die Julikrise in zwei Phasen zerfällt. Die erste, bis zum 23. Juli während Phase ist dominiert von den in Wien und Berlin fahrlässig getroffenen Entscheidungen, die auf eine absichtliche Eskalation der Krise hinausliefen – man kann hier sehr wohl von Verantwortung für den späteren Kriegsausbruch sprechen. Die Ermordung des Erzherzogs musste nicht zwangsläufig einen Krieg mit Serbien und mit dessen panslawischem Beschützer Russland nach sich ziehen. Eine diplomatische Lösung der Krise wurde in Wien und Berlin jedoch kategorisch abgelehnt. Diese frühe Entscheidung, eine Konfrontation mit Serbien zu riskieren, wiegt schwer.

Die Reaktionen der anderen Großmächte – und Serbiens – fallen in die zweite Phase der Julikrise, beginnend mit der Übergabe des österreich-ungarischen Ultimatums an Belgrad am 23. Juli. Sie waren durchaus schwerwiegend, und auch sie trugen gewiss zur Eskalation der Krise bei. Man war auch in Paris und Petersburg (wie eben auch in Wien und Berlin) darum bemüht, der Welt die Unerschütterlichkeit des eigenen Zweistaaten-Bündnisses unter Beweis zu stellen, und aus diesem Bedürfnis leiteten sich folgenschwere Entscheidungen ab. Dennoch waren diese Entscheidungen, die in der zweiten Phase in den Hauptstädten der anderen Großmächte getroffen wurden und die Krise weiter eskalieren ließen, nicht ausschlaggebend dafür, dass sich die Ermordung des Erzherzogs zu einem Krieg ausweitete. Die Verantwortung (für den Historiker sicher ein besseres Konzept als Schuld) ist vielmehr vorranging in Wien und Berlin zu finden. Auch nach hundert Jahren lässt sich dies, so die These dieses Buches, nicht leugnen.

Die Julikrise nahm mit der Ermordung von Franz Ferdinand im bosnischen Sarajewo ihren Anfang, aber der Ausbruch des «großen Krieges» von 1914 lässt sich, obschon das Attentat in Sarajewo oft als Auslöser des Weltkrieges oder als sein Prolog gesehen wird, nicht auf dieses Ereignis reduzieren. Es war zwar unzweifelhaft Anlass einer großen Krise, aber zunächst wäre eine friedliche Lösung des Konfliktes zwischen Österreich-Ungarn und Serbien durchaus noch denkbar gewesen. Als die Nachricht aus Sarajewo allerorts für Schlagzeilen sorgte, erwartete auch tatsächlich kaum jemand, dass sich daraus ein Krieg entwickeln würde. Bis zum letzten Moment gab es Gelegenheiten, die Eskalation der Krise und den Ausbruch des großen Krieges zu verhindern. Dieses Buch zeigt, warum diese Möglichkeiten ungenutzt blieben und wie es im Sommer 1914 dazu kam, dass der Erste Weltkrieg ausbrach.

1. Vorkriegsdiplomatie

Die Julikrise stellt den letzten Akt in einer langen Reihe von internationalen Konflikten dar, die Europa in den Jahren 1900 bis 1914 immer wieder an den Rand eines Krieges getrieben hatten. Ein «großer Krieg» schien vielen Zeitgenossen auf lange Sicht unausweichlich; unklar war nur, wann er ausbrechen würde. Und tatsächlich war es bereits mehrfach gelungen, einen solchen zu vermeiden. In neuesten Untersuchungen zum Thema wird daher auch weniger die Unvermeidlichkeit des Krieges in den Vordergrund gestellt als vielmehr auf die Tatsache verwiesen, dass es den Großmächten bis 1914 mehrfach erfolgreich gelungen war, trotz internationaler Konflikte einen Krieg zu umgehen. Insofern gelten die Vorkriegsjahre also nicht unbedingt als Generalprobe für die letzte Krise, die den Ausbruch des Krieges dann (tatsächlich oder auch nur vermeintlich) zwingend machte, sondern eher als Beweis dafür, dass das europäische «Konzert» funktionierte, das europäische Bündnissystem abschreckend wirkte und Krisen nicht zu Kriegen ausuferten. Zwei Fragen drängen sich deshalb auf: Hätte sich im Juli 1914 auch wieder eine friedliche Lösung finden lassen, und warum endete diese Krise im Krieg?

Europa war vor dem Ersten Weltkrieg durch ein Bündnissystem in zwei Lager aufgeteilt, innerhalb deren Zwängen die Diplomatie zu operieren hatte. Auf der einen Seite stand Deutschland, das seit 1879 mit Österreich-Ungarn und seit 1882 mit Italien verbündet war. Das so entstandene Bündnis sollte ursprünglich den Ausbruch eines weiteren Krieges in Europa verhindern. Dieser Dreibund stand seit 1894 einer Allianz zwischen Frankreich und Russland gegenüber. 1904 kam noch eine Entente zwischen Großbritannien und Frankreich dazu. Seit 1907 sprach man von einer «Triple-Entente», denn Russland und Großbritannien hatten sich angenähert, wenn auch ein formelles Bündnis noch nicht zustande gekommen war. An der Peripherie befanden sich die kleineren Staaten, die zu dem einen oder anderen Bündnis tendierten und von den Großmächten umworben wurden: Serbien hatte starke «pan-slawische» Verbindungen zu Russland, die Türkei zu Deutschland. In Berlin hoffte man außerdem, dass sich Bulgarien im Kriegsfall für den Dreibund entscheiden würde (das geschah 1915); Rumänien dagegen kämpfte auf der Seite der Entente (Kriegseintritt 1916). Italien hatte schon vor der Julikrise versucht, sich alle Optionen offenzuhalten, und hatte bereits 1902 ein geheimes Abkommen mit Frankreich getroffen, das sich mit dem Dreibund nicht vereinbaren ließ. Seine Neutralität im Sommer 1914 beweist, dass das Bündnissystem nicht zwangsläufig dazu führen musste, ein Land in den Krieg zu verwickeln. Andere europäische Staaten bewahrten in der Vorkriegszeit strikte Neutralität; darunter Belgien, dessen neutraler Status im Übrigen von allen Großmächten im Londoner Vertrag von 1839 festgelegt worden war.

Die vielen internationalen Krisen, meist ausgelöst durch den Wunsch des einen oder anderen Staates, Territorium oder kolonialen Einfluss zu erwerben (wie zum Beispiel die Marokkokrisen von 1905 und 1911, die bosnische Annexionskrise oder die Frage nach dem russischen Zugang zum Bosporus), formten und festigten dieses Allianzsystem; gelöst wurden sie ohne Krieg und mit Hilfe der Diplomatie. Kriege führte man an der Peripherie, so zum Beispiel Russland mit Japan 1904/05 und Italien mit dem Osmanischen Reich in Tripolitanien und der Cyrenaika 1911, oder sie fanden zwischen kleineren Staaten statt, wie die Balkankriege von 1912 und 1913. Noch im Winter 1912/13 war ein «großer Krieg» vermieden worden, als die Großmächte leicht in den zweiten blutigen Balkankrieg hätten verwickelt werden können. Österreich-Ungarn hatte sich zu diesem Zeitpunkt bereits für einen Krieg gegen Serbien entschieden, das über Albanien nach einem Zugang zum Meer strebte. Damit scheiterte die Wiener Regierung aber am verbündeten Deutschland, das nicht bereit war, in den Krieg zu ziehen, nur «weil Österreich die Serben nicht in Albanien oder Durazzo haben will», wie Kaiser Wilhelm II. monierte. Im Herbst 1913 war es dann Russland, das sich weigerte, Serbien in seinem Konflikt mit Österreich-Ungarn zu unterstützen, und eine weitere Balkankrise verstrich ohne einen großen Krieg. Um die Krise in einen Krieg ausufern zu lassen, hätten die verbündeten Mächte zusammenhalten und einander unterstützen müssen. In den Jahren 1912 und 1913 war diese Voraussetzung nicht gegeben.

Die Frage nach Belgiens Neutralität war in dieser kritischen Phase für Frankreichs und Deutschlands militärische und diplomatische Planer von großer Bedeutung. Beide Länder hatten ihre lange gemeinsame Grenze nach dem Krieg von 1871 stark befestigt, was dazu führte, dass keiner der beiden mehr den jeweiligen Gegner im Falle eines Krieges schnell und umfassend besiegen konnte. Um die Befestigungen zu umgehen, war das Terrain im Süden zu bergig, aber im Norden bot sich das leichter zu bewältigende Territorium von Belgien, Luxemburg und Holland an. 1911 forderte der neue französische Generalstabschef Joseph Joffre dementsprechend, dass Frankreichs Truppen im Kriegsfall durch Belgien gen Deutschland marschieren sollten. Aber er wurde von politischen Bedenken im eigenen Land daran gehindert, einen Aufmarschplan gegen Deutschland zu entwickeln, der eine solche Verletzung der belgischen Neutralität durch französische Truppen vorgesehen hätte. Der Hauptgrund für diese Bedenken waren weder «moralische Skrupel oder rechtliche Bedenken», wie Stefan Schmidt zeigt, sondern die Ungewissheit, ob Großbritannien weiterhin an der Seite eines Frankreich bleiben würde, das den Krieg mit der Verletzung der belgischen Neutralität eröffnen würde.

Der französische Aufmarschplan, mit dem Frankreich dann im Sommer 1914 tatsächlich in den Krieg zog (der sogenannte Plan XVII), sah dementsprechend neben der Möglichkeit einer Verletzung der belgischen Neutralität auch eine Offensive durch

Lothringen vor; man würde belgisches Gebiet nur dann durchqueren, wenn Deutschland dies zuvor getan hatte, um sich so der militärischen Unterstützung Großbritanniens zu versichern. Die britische Hilfe, in Gestalt der 150 000 Mann starken *British Expeditionary Force*, war so wichtig, dass selbst Joffre bereit war, den Aufmarschplan auf diese Priorität auszurichten, obwohl dies bedeutete, dass die geplante Offensive langsamer und unter schlechteren Umständen ausgetragen werden musste.

In Deutschland hingegen machte der Generalstabschef Helmuth von Moltke der politischen Führung deutlich, dass die Diplomatie hinter militärischen Gesichtspunkten zurückzustehen habe. Ohne dabei die Details des geheimen «Schlieffenplans» preiszugeben, bestand er darauf, dass deutsche Truppen im Kriegsfall durch Belgien marschieren mussten, unabhängig vom Kriegsgrund und von eventuellen internationalen Reaktionen auf eine solche Tat. Nur so sei es möglich, die Franzosen schnell zu besiegen (in sechs Wochen, wie man im Generalstab voraussagte), um sich dann dem stärkeren, aber auch im Aufmarsch langsameren Russland zuzuwenden. So sah im Groben der deutsche Aufmarschplan aus, der seit 1906 für den Fall eines Zweifrontenkrieges von Deutschlands Militärs entwickelt worden und in dem bis kurz vor Kriegsausbruch darüber hinaus sogar noch die Verletzung der Neutralität der Niederlande vorgesehen war. Die Deutschen hatten im Unterschied zu den Franzosen in dieser Hinsicht allerdings auch keine Auseinandersetzung mit ihren Verbündeten zu erwarten, denen am Schicksal Belgiens nicht gelegen war.

Dass ein zukünftiger Krieg nichts anderes als ein Krieg an zwei Fronten werden konnte, stand für alle deutschen Planer außer Frage, denn niemand zweifelte daran, dass Russland und Frankreich sich im Kriegsfalle unterstützen würden. Ein Krieg gegen nur einen Feind schien den militärischen Planern in Berlin sogar derart utopisch, dass ab 1913 der Alternativplan eines Aufmarsches nur gegen Russland aufgegeben wurde. Ein Krieg gegen Russland würde immer auch einen Krieg gegen Frankreich nach sich ziehen. Unklar war nur Großbritanniens Rolle hierbei, aber die deutschen Militärs sahen keinen großen Vorteil für Deutschland in der Möglichkeit der britischen Neutralität. Mit diesen 150 000 Mann würde man auch noch fertig, so äußerte sich Moltke 1913 – eine grobe Fehleinschätzung, wie sich später zeigen würde.

Zusammen mit dem deutschen Kaiser versuchte Moltke in Besprechungen mit dem belgischen König im November 1913 zu erwirken, dass Belgien deutschen Truppen widerstandslos erlauben würde, durch sein Gebiet zu marschieren. Dieser Plan schlug fehl, und Belgien versicherte Deutschland und Frankreich, dass es im Kriegsfall keine Übergriffe auf belgisches Gebiet dulden würde. Der belgische Militärattaché machte dem deutschen Generalstabschef unmissverständlich deutlich: «Wir würden uns mit allen Kräften zur Wehr setzen, falls die eine oder andere kriegführende Macht unsere Grenzen verletzte oder eine dritte interessierte Macht Truppen an unsere Küste landet, um sich dann unseres Territoriums als Operationsbasis zu bedienen.» Sollte also im Kriegsfall der deutsche Aufmarschplan zum Einsatz kommen, stand fest, dass Belgien dies nicht widerstandslos zulassen würde.

Im Herbst 1913, also zur gleichen Zeit, sah Russland sich durch die guten Beziehungen zwischen Deutschland und dem Osmanischen Reich bedroht. In der sogenannten Liman-von-Sanders-Krise vom Herbst 1913 erhob Russland Einspruch gegen die Berufung eines deutschen Offiziers, Otto Liman von Sanders, zur deutschen Militärmission in Konstantinopel. Sein Auftrag, die Reorganisation der türkischen Armee zu beaufsichtigen, erschien den aufgebrachten Russen wie eine Erweiterung der deutschen Interessen in der strategisch wichtigen Region. Ein Krieg konnte zwar auch in diesem Fall vermieden werden, aber gegenseitiges Misstrauen und eine Hetzkampagne in der Presse ließen für die Zukunft nichts Gutes erahnen. Die Affäre war «der letzte Konflikt vor der Katastrophe» (Martin Kröger) und trug viel zu der in Europa herrschenden Missstimmung zwischen den Großmächten bei.

Dennoch: Ein großer europäischer Krieg war, wie diese Beispiele zeigen, keine Zwangsläufigkeit. In Frankreich gab es etwa Staatsmänner, die für verbesserte Beziehungen mit Deutschland plädierten. So glaubte zum Beispiel der frühere französische Premierminister Joseph Caillaux, dass in Zukunft eine französisch-deutsche Annäherung nicht ausgeschlossen sei. Das Jahr 1914 wurde dominiert von Spekulationen über Russlands derzeitige und zukünftige Stärke, nicht nur in Deutschland und Österreich-Ungarn, sondern auch in Frankreich und Großbritannien. In London betrachtete man sowohl Russland als auch Deutschland als potentielle Bedrohung für den Status quo in Europa und fürchtete, dass das Bündnissystem sich nicht als stabil erweisen würde. «Wir sollten uns daran erinnern, dass es noch nie einen Konflikt zwischen Russland und Deutschland gegeben hat und dass die beiden Länder mehr als einmal und über lange Zeit hinweg Seite an Seite gearbeitet und gekämpft haben», notierte Arthur Nicolson im April.

Besondere Kopfschmerzen bereitete den Diplomaten in London die Gefahr, die ein erstarktes Russland in Zukunft für das britische Empire, insbesondere für Indien, darstellen konnte. Es zeichnete sich bereits deutlich ab, dass Russland über kurz oder lang Deutschland militärisch überlegen sein würde. Das Land hatte sich erstaunlich schnell von seinem Krieg gegen Japan und der Revolution von 1905 erholt. In der Übergangsphase, so erklärte im März 1914 der britische Botschafter in Petersburg, «braucht Russland unsere Unterstützung, und sollten wir ihm diese nicht geben, wenn es danach fragt, wird England nicht mehr unter seine Freunde gezählt werden». Vor diesem Hintergrund wurden im Frühjahr 1914 geheime Marinebesprechungen zwischen London und Petersburg geplant, mit der Absicht, beide Länder enger aneinanderzubinden. Dass diese aber in Berlin als Bedrohung angesehen würden, stand außer Frage, und so versuchte man, die Verhandlungen geheim zu halten. Aber Deutschland erhielt Kenntnis davon, und die Tatsache, dass die Unterredungen in London wiederholt abgestritten wurden, säte nur noch weiteres Misstrauen in Berlin und ließ vielerorts den Wunsch nach einem Präventivkrieg laut werden. Der österreichische Generalstabschef Franz Conrad von Hötzendorf und sein deutscher Kollege Helmuth von Moltke waren sich schon im Mai 1914 einig, «daß zur Zeit noch die Dinge für uns günstig lägen, man solle also nicht zögern, im gegebenen Falle energisch aufzutreten und, wenn nötig, den Krieg zu beginnen».

Die englisch-russischen Verhandlungen bestätigten, was man schon lange befürchtet hatte: dass nämlich der Dreibund von Feinden eingekreist wurde. In Rom sorgte sich Generalstabschef Alberto Pollio: «Der Ring, der sich um den Dreibund bildet, verstärkt sich von Jahr zu Jahr, und wir sehen uns das ruhig mit an!» In einer Unterhaltung mit dem deutschen Militärattaché im Mai 1914 fragte er: «Warum beginnen wir nicht jetzt diesen unvermeidlichen Krieg?» Pollio, Conrad und Moltke waren sich einig: «Von Jahr zu Jahr würden die Chancen schlechter.» In Berlin drang Moltke deshalb auf einen baldigen Krieg. «Es blieb seiner Ansicht nach nichts übrig, als einen Präventivkrieg zu führen, um den Gegner zu schlagen, solange wir den Kampf noch einigermaßen bestehen können», notierte Staatssekretär des Äußeren Gottlieb von Jagow nach einem Gespräch mit dem Generalstabschef im Frühsommer 1914. Dementsprechend bat Letzterer den Staatssekretär, «unsere Politik auf die baldige Herbeiführung eines Krieges einzustellen». Selbst in Großbritannien räumte man ein, dass Russlands gewaltige Heeresvermehrung und der Ausbau des Eisenbahnsystems langfristig ernste Folgen für Deutschland haben würden. Sir Henry Wilson vom britischen Generalstab notierte im März 1914 auf einem Memorandum zu den russischen Zukunftsplänen: «Es ist jetzt leicht zu verstehen, warum Deutschland sich über die Zukunft sorgt & warum es denken könnte, es ist ein Fall von ‹jetzt oder nie›.» Zur Furcht vor dem Gegner kam bei den Deutschen noch erschwerend hinzu, dass man sich des Verbündeten immer unsicherer wurde. Im Juli 1913 hatte der französische Botschafter bereits berichtet, dass man in Berlin «Österreich allmählich als eine wirkliche Last» empfand.

Deutschlands letzte große Heeresvorlage war im Juni 1913 vom Reichstag gebilligt worden. Im gleichen Jahr hatte Frankreich die Dienstzeit der französischen Soldaten von zwei auf drei Jahre angehoben, um die Armee zu verstärken. Aber auch Russland arbeitete an einer großen Heeresvermehrung und am strategischen Ausbau der Eisenbahnlinien. Im April 1917, so sagte man voraus, würde Russland zwei Millionen Soldaten für den Ernstfall aufrufen können. Deutschland würde dann nicht mehr in der Lage sein, einen Zweifrontenkrieg gegen Russland und Frankreich siegreich zu bestehen. Kein Wunder, dass dies in Deutschland Ängste auslöste. «Die Zukunft gehört Russland, das wächst und wächst und sich als immer schwererer Alb auf uns legt», sorgte sich Kanzler Bethmann Hollweg im Juli 1914. Es lag in dieser Situation nahe, einen Präventivkrieg vom Zaun zu brechen, wenn sich die richtige Gelegenheit bot.

Auch in Italien und Österreich-Ungarn befürworteten die Militärs einen Krieg, weil sich der Dreibund auf Dauer von der immer weiter aufrüstenden Entente bedroht sah. In Wien hatte Conrad von Hötzendorf wiederholt einen Krieg gegen Serbien gefordert – um mit dem Störenfried auf dem Balkan ein für alle Mal abzurechnen und dem deutschen Verbündeten sowie dem Rest Europas zu demonstrieren, dass Österreich-Ungarn weiterhin eine Großmacht war. Seine aggressive Haltung gegenüber Serbien, die sich auch auf dessen pan-slawischen Freund Russland übertrug, war wohlbekannt, nicht zuletzt in Petersburg.

Für Russland bedeutete eine Marinekonvention mit Großbritannien den ersten Schritt, um die Entente in eine Defensiv-Allianz zwischen den drei Partnern zu verwandeln. Die Existenz der Entente selber, die ja kein formales Bündnis darstellte, war in den Augen von Sergei Sasonow, dem russischen Außenminister, «ebenso unerwiesen wie die Existenz der Seeschlange». Während der Julikrise gab es, wie wir sehen werden, in Petersburg und in Paris ein angespanntes Warten auf eine Entscheidung aus London, ob man sich im Falle eines Krieges auf die Seite der Entente schlagen oder neutral bleiben wolle – ein Allianzabkommen hätte diese Unsicherheit beseitigen und ein klares Signal an den Dreibund senden können, er werde es im Kriegsfall mit einer dreifachen Allianz zu tun haben. Großbritanniens Rolle in einem zukünftigen Krieg war deshalb von ausschlaggebender Bedeutung.

Aber es gab auch andere Stimmen. Während Frankreich und Großbritannien diskutierten, ob ein formelleres Bündnis zwischen Russland und Großbritannien möglich sei, war in Petersburg nicht jedermann davon überzeugt, dass Russlands Zukunft in der Entente lag. Vor dem Hintergrund einer von der russischen Kriegspartei initiierten antideutschen Pressekampagne hatten

auch Russlands konservative Befürworter einer deutschland-
freundlicheren Außenpolitik das Ohr des Zaren, wie zum Beispiel
Peter Durnovo. In dem seiner Ansicht nach langfristig unvermeidlichen Konflikt zwischen Großbritannien und Deutschland empfahl er, Russland solle sich besser an Deutschland halten. «Wir
reisen nicht auf derselben Straße wie England», schrieb Durnovo,
«und wir dürfen seinetwegen nicht mit Deutschland streiten. [...]
Die Zukunft gehört einem engen und unvergleichbar vitaleren
Rapprochement zwischen Russland, Deutschland, Frankreich (mit
Deutschland versöhnt) und Japan», befand er noch im Frühjahr
1914. Diplomatische Alternativen waren also durchaus denkbar, und das Bündnissystem der Vorkriegszeit war keineswegs
unerschütterlich. In der Tat betrachtete man in London die
potentielle Verbesserung der deutsch-russischen Beziehungen mit
Vorbehalt. Arthur Nicolson im *Foreign Office* war der Meinung,
«dass wir in nicht zu weiter Ferne neue Entwicklungen und
neue Gruppierungen in der europäischen politischen Situation
erleben werden». In Russland zeichne sich eine Tendenz ab, zu
einem «freundlichen Verständnis mit Berlin» zu kommen.

Dennoch: Die Stimmen, die einen Krieg voraussahen oder ihn
sogar forderten, übertönten alle anderen und lassen im Rückblick
den Krieg vom Sommer 1914 in der Tat so gut wie unvermeidlich erscheinen. Der amerikanische Diplomat Edward House
bemerkte entsetzt, wie «außerordentlich» kriegerisch man in
Europa gestimmt sei. Im Mai 1914 erschien ihm ein Krieg «wahrscheinlich». Und das, obwohl die Beziehungen zwischen Deutschland und Großbritannien im Urteil von Zeitgenossen schon
lange nicht mehr so gut gewesen waren wie ausgerechnet im
Frühjahr 1914 – dafür ist der Besuch der britischen Flotte bei
der Kieler Woche im Juni 1914 nur ein Beispiel. Nach Arthur
Nicolson war davon auszugehen, «dass die Deutschen großes
Kapital aus dem Besuch unseres Geschwaders in Kiel» schlagen
würden. Tatsächlich läuteten in Paris und Petersburg die Alarm-
glocken, denn eine Verbesserung der deutsch-britischen Beziehungen war durchaus nicht im Sinne der Entente. Das seit den 1890er
Jahren andauernde Marinewettrüsten zwischen Deutschland und
Großbritannien hatte lange Zeit Feindschaft verursacht, aber

1914 waren die gegenseitigen Vorbehalte offenbar weniger akut. Wie Sir Edward Grey, der britische Staatssekretär des Äußeren, erklärte, hatte man jetzt «ein gutes Verhältnis» mit Deutschland und wollte ein «Wiederaufleben der Reibungen» vermeiden. Man war sich zum Beispiel über die eventuelle Aufteilung der portugiesischen Kolonien fast einig geworden. Im Juni 1914 konstatierte Arthur Nicolson, dass er während seiner gesamten Dienstzeit im britischen *Foreign Office* noch nie so «ruhiges Wasser» gesehen habe. Aber Nicolsons Optimismus wurde längst nicht überall geteilt. Der britische Botschafter in Berlin, Edward Goschen, warnte, «dass wir nicht beides haben können, das heißt eine Defensivallianz mit Russland abschließen und gleichzeitig mit Deutschland in höflichem Verhältnis stehen».

In London herrschte Ungewissheit darüber, wer in Zukunft die größere Bedrohung für das britische Weltreich darstellen würde: Deutschland, das schon seit Jahren offensichtlich versuchte, Großbritanniens Stellung zu unterminieren, und das den Status quo auf dem Kontinent infrage stellte, oder Russland, das ohne die Bedrohung aus Deutschland in Zukunft seine Aufmerksamkeit auf britische Kolonien, insbesondere Indien, konzentrieren könnte. Sir Eyre Crowe vom Londoner *Foreign Office* beschrieb das britische Dilemma im Juli 1914: «Sollte der Krieg kommen und England beiseitestehen, muss eines von zwei Dingen geschehen: a) Entweder gewinnen Deutschland und Österreich, zerdrücken Frankreich und entwürdigen Russland. [...] Was wird dann die Position eines freundlosen Englands sein? b) Oder Frankreich und Russland gewinnen. Was wäre dann deren Einstellung gegenüber England? Was ist mit Indien und dem Mittelmeer?» Auch in Paris sah man das Potential des russischen Kolosses und erkannte den hohen Stellenwert der französisch-russischen Freundschaft in der Diplomatie.

Furcht vor der militärischen Stärke der anderen sowie Misstrauen gegenüber potentiellen Feinden und sogar gegenüber den eigenen Verbündeten waren demnach in der angespannten Vorkriegszeit prägend für das Denken der Diplomaten und der Militärs aller Länder. So ging man etwa in Deutschland davon aus, dass die Zukunft nichts Gutes bringen würde. Hier hatten die militärischen Planer den Diplomaten zwar zu verstehen gegeben, dass man im Moment den potentiellen Feinden Frankreich, Russland und Großbritannien noch überlegen sei (und ein Sieg wurde so gut wie versprochen). Aber ob und wie lange das so bleiben würde, galt als weniger sicher. Das europäische Wettrüsten brachte den europäischen Großmächten immer nur jeweils einen temporären Vorteil, und der deutschen Diplomatie wie den Militärs war durchaus bekannt, dass Russlands Heeresverstärkungen bis spätestens 1916/17 einen gewaltigen numerischen Vorteil des riesigen Russischen Reiches zur Folge haben mussten. Sie fürchteten, dass das Land dann im Kriegsfalle unbesiegbar würde. Hinzu kam, dass im Westen Frankreichs Heer, durch die dreijährige Dienstzeit zahlenmäßig verstärkt, das Deutsche Reich bedrohte. Ob real oder nur imaginär – Deutschlands Einkreisung war für die deutsche Diplomatie ein nicht zu ignorierender Faktor. Aber, wie oben schon erwähnt, auch der eigene Verbündete bereitete den Deutschen Sorge: Österreich-Ungarn wurde von serbischen Irredentisten, die serbische Volksteile, die außerhalb Serbiens lebten, mit dem Mutterland vereinigen wollten, bedroht, und sein Weltmachtstatus schien zunehmend fragwürdig; man glaubte in Berlin, so bemerkte der französische Botschafter im April, «dass Österreich, der Verbündete, kurz davorsteht, in Stücke zu zerfallen». Tatsächlich sah sich Österreich-Ungarn in seiner Großmachtstellung bedroht, nicht zuletzt durch Serbiens Unterminierung des Vielvölkerstaates. Ein Leitmotiv in der Julikrise war es für Wiens Diplomaten, dem deutschen Verbündeten gegenüber, aber auch im Weltgeschehen als ernst zu nehmender Partner zu erscheinen, denn die Gefahr bestand, daß der Verbündete sich jederzeit anders orientieren könnte.

Aus Berliner Warte war Arthur Nicolsons Optimismus auch nur schwer verständlich, denn Gerüchte über eine geheime Marinekonvention zwischen London und Petersburg führten dazu, dass Deutschlands Diplomaten das Reich bereits in naher Zukunft von allen drei Entente-Partnern eingekreist sahen. Aber im Mai 1914 standen die Chancen tatsächlich noch einigermaßen gut, wie Georg von Waldersee, Oberquartiermeister im preußischen Generalstab, konstatierte. Frankreich hatte noch zwei Jahre mit

nur schlecht ausgebildeten neuen Rekruten vor sich, Russlands
große militärische Neuorganisation war noch nicht komplett und
brauchte noch ein paar Jahre, bis ihre «größte Nützlichkeit»
erreicht war, und «England hat momentan überhaupt keine
Inklination, in militärische Aktion verwickelt zu werden wegen
der irischen Frage und mehreren innenpolitischen Schwierigkeiten». Aus diesen Tatsachen schloss Waldersee, es gebe für
Deutschland keinen Anlass, in der näheren Zukunft einen Angriff zu befürchten, aber andererseits auch keinen Grund, «einen
Konflikt zu vermeiden», sondern «die Aussichten, einen großen
europäischen Krieg schnell und siegreich zu überleben [sind]
heute noch sehr aussichtsreich für Deutschland und auch für
den Dreibund». Er fügte noch warnend hinzu, dass dies «bald
nicht mehr der Fall sein würde».

Auf Dauer würde sich ein Krieg zwischen den Großmächten
nicht vermeiden lassen – darin war man sich fast allerorts einig.
Unklar war nur, zu welchem Zeitpunkt er stattfinden würde. Auf-
marschpläne wurden entwickelt, im Jahresrhythmus getestet und
perfektioniert, damit im Ernstfall Millionenarmeen nach streng
geordneten Mobilmachungsplänen ausrücken konnten. Nur ein
Anlass fehlte noch, um einen Mobilisierungsautomatismus in
Gang zu setzen, der innerhalb kürzester Zeit ganz Europa in
einen Krieg ungeahnten Ausmaßes verwickeln würde. Vor diesem Hintergrund der Paranoia, Furcht und Überschätzung der
eigenen Fähigkeiten löste nun die Ermordung des österreichischen
Thronfolgers die letzte der Balkankrisen aus, die tatsächlich den
schon so lange erwarteten Krieg bringen sollte.

2. Tod in Sarajewo

«Wie ein Blitz aus heiterem Himmel verbreitete sich am gestri-
gen Sonntagnachmittag von der bosnischen Hauptstadt aus die
Schreckenskunde, dass der Thronfolger von Österreich-Ungarn
und seine Gemahlin fanatischen Mörderhänden zum Opfer ge-

fallen sind.» So berichtete der *Berliner Lokal-Anzeiger* am
29. Juni 1914. Am Vortag, dem 28. Juni 1914, hatte ein bos-
nisch-serbischer Attentäter, der 19-jährige Gavrilo Princip, in
Sarajewo den österreichisch-ungarischen Thronfolger, Erzherzog
Franz Ferdinand, und seine Frau Sophie erschossen. Er war
einer von mehreren Verschwörern, die sich an der zuvor in der
Presse angekündigten Route postiert hatten, um das von langer
Hand geplante Verbrechen zu begehen.

Die Ermordung Franz Ferdinands löste allerorts Empörung
aus – ganz unerwartet kam die Tragödie allerdings nicht. Atten-
tate auf Mitglieder von königlichen Familien und Staatsober-
häupter waren in den Jahren vor dem Ausbruch des Weltkrieges
alles andere als eine Seltenheit, und besonders auf dem Balkan
und in Österreich-Ungarn hatte man sie mehrmals erlebt. Kaiser
Franz Joseph wäre im Mai 1910 bei seinem Besuch der bosnischen Hauptstadt selber beinahe einem Anschlag erlegen, als ein
junger serbischer Nationalist, Bogdan Žeraji, mit einer Brow-
ning-Pistole bewaffnet, angeblich wegen des hohen Alters des
Monarchen zuletzt noch vor der Tat zurückschreckte. Anderen
Attentätern waren solche Skrupel fremd: Ein italienischer Anar-
chist hatte 1898 die Frau Kaiser Franz Josephs, die berühmte
Kaiserin Elisabeth (Sisi), ermordet, und in Serbien fand die
Obrenović-Dynastie nach der grausamen Ermordung von König
Alexander und seiner Frau 1903 ihr Ende. Attentaten zum
Opfer fielen weiterhin 1900 der italienische König Umberto und
1913 der griechische König Georg I. Auch der amerikanische
Präsident McKinley kam 1901 bei einem Anschlag ums Leben,
wie schon 1894 der französische Präsident Carnot. Aber im
Unterschied zu all diesen Gewalttaten hatte der Mord vom
28. Juni 1914 Folgen von solcher Tragweite, dass er uns noch
hundert Jahre später vor Augen steht. Es ist zwar eine Über-
treibung, in den Schüssen von Sarajewo die ersten Schüsse des
Weltkrieges zu sehen. Doch ohne die Ermordung des Erzherzogs hätte es keine Julikrise gegeben, und der Erste Weltkrieg
wäre, wenn überhaupt, zu einem späteren Zeitpunkt ausgebro-
chen.

Aber warum musste der Erzherzog überhaupt sterben? Was

veranlasste die jungen bosnischen Serben zu ihrer Tat? Es ist ungewöhnlich viel bekannt über den Hintergrund des Attentats und über die Männer, die mit ihrem Verbrechen, ohne es darauf angelegt zu haben, einen Weltkrieg auslösten. Die Spur führt in die serbische Hauptstadt Belgrad, wo die jungen Männer, unglücklich mit Österreich-Ungarns Herrschaft über Bosnien, radikalisiert, auf das Attentat vorbereitet und ausgerüstet worden waren. Serbien war ein Dorn in Österreichs Seite, seit mit dem Ende der Obrenović-Dynastie 1903 in dem Balkanstaat eine antiösterreichische Politik betrieben wurde. In den Balkankriegen von 1912 und 1913 hatte das siegreiche Serbien sein Gebiet fast verdoppelt und bedrohte nun den Status quo auf dem Balkan. Außerdem stellte es eine reale Gefahr für die innere Kohäsion der österreichisch-ungarischen Doppelmonarchie dar, denn Ziel der serbischen Irredentisten war es, alle außerhalb des Landes lebenden Serben in einem großserbischen Staat zu vereinigen. Dazu gehörten die Serben des österreich-ungarischen Vielvölkerstaates, in Kroatien, der Vojvodina und dem Sandžak, aber eben auch in Bosnien, das seit seiner Annexion von 1908 ebenfalls zum österreichisch-ungarischen Reich zählte.

Was wir über das Attentat wissen, stammt nicht von Gavrilo Princip und seinen Komplizen, allesamt mit Pistolen und Bomben bewaffnete aus Bosnien stammende Serben. Weil es ihnen nicht gelungen war, sich bei Misslingen der Tat selber wie geplant mit Zyankali zu vergiften, konnten zwar sechs von ihnen verhaftet werden, aber sie gaben nicht viel preis über die Hintergründe des Verbrechens. Dennoch betrachtete man in Wien das Attentat sofort – und wie sich im Nachhinein herausstellte: auch zu Recht – als serbische Provokation. Zu beweisen war dieser Verdacht allerdings zunächst nicht, auch konnte man zu diesem Zeitpunkt noch nicht wissen, dass hinter dem von langer Hand geplanten Anschlag der Chef des serbischen Militärgeheimdienstes, Dragutin Dimitrijević (genannt Apis), und Mitglieder der geheimen Organisation «Schwarze Hand» standen, wie auch schon 1910 bei dem fehlgeschlagenen Attentat auf den österreichisch-ungarischen Gouverneur und Militärinspektor in Bosnien. Es gab demnach eine direkte Verbindung zwischen

Mitgliedern der serbischen Regierung und den Attentätern, obgleich die Tat nicht von führenden serbischen Regierungsmit-
gliedern gebilligt wurde.

Die Ironie der Geschichte will es, dass Franz Ferdinand den
Anliegen der Serben in der Doppelmonarchie weitaus stärker
zugetan war als viele Mitglieder der Wiener Regierung. Tragi-
scherweise war es aber gerade seine reformorientierte Politik,
die den Erzherzog zum Ziel eines Anschlages machte – denn als
Nachfolger des dreiundachtzigjährigen Kaisers Franz Joseph,
so fürchtete man sowohl in Serbien als auch vielerorts in der
Doppelmonarchie, hätte er den Minoritäten im Vielvölkerstaat
größeres Mitspracherecht eingeräumt. Dies beunruhigte die
Ungarn, die ihren Status als einflussreichste Minorität in der
Doppelmonarchie bewahren wollten, stand aber auch den Zielen
der serbischen Irredentisten entgegen: «Als zukünftiger Herr-
scher», so äußerte sich Princip bei der Gerichtsverhandlung
nach dem Attentat, «hätte er [Serbiens] Vereinigung durch die
Einführung bestimmter Reformen verhindert.» Im Gegensatz
zum Kriegsbefürworter Conrad von Hötzendorf, dem österreichischen Generalstabschef, war der Erzherzog auch gegen einen
Krieg mit Serbien – und hatte 1911 sogar zu der zeitweiligen
Entlassung des zum Krieg drängenden Conrad beigetragen, für
den eine militärische Auseinandersetzung mit Serbien quasi
ein Allheilmittel für alle die Doppelmonarchie bedrängenden
Malaisen darstellte. Auch war Franz Ferdinand in seinen eigenen
Worten «der beste Freund Russlands!». Nun musste ausgerechnet sein Tod einen Krieg herbeiführen, den Franz Ferdinand niemals befürwortet hätte.

Drei der Attentäter, keiner von ihnen älter als neunzehn Jahre,
kamen aus ärmlichen Verhältnissen in Sarajewo und hatten ihr
heimisches Bosnien in Richtung Belgrad verlassen, wo sie der
Propaganda verschiedener antiösterreichischer Untergrundorga-
nisationen leicht erlegen waren. Es handelte sich um die Freunde
Trifko Grabež, Nedeljko Čabrinović und Gavrilo Princip, alle
drei Mitglieder der revolutionären Organisation *Mlada Bosna*
(Junges Bosnien). In der serbischen Hauptstadt begeisterten sie
sich schon bald für die Anti-Habsburg-Propaganda von geheimen

Organisationen wie der *Narodna Odbrana* («Volksschutz»), die genau diese Sorte von nationalistisch gestimmten jungen Männern ansprachen, willens, ihr Leben für die großserbische Sache zu opfern. Leichte Beute waren sie auch für die Propaganda der Untergrundorganisation «Schwarze Hand», eine serbische verschwörerische Offiziers-Vereinigung (der offizielle Name dieser Verbindung lautete «Vereinigung oder Tod»), die für die Idee eines Großserbiens gegen Österreich-Ungarn agitierte und über gemeinsame Mitglieder mit dem «Volksschutz» verbunden war. Zu den Mitgliedern der «Schwarzen Hand» gehörten leitende Militärs in der serbischen Armee sowie der Chef des serbischen Militärgeheimdienstes, Apis.

Die drei Attentäter waren vor der Tat in Belgrad von einem führenden Mitglied der «Schwarzen Hand», dem serbischen Offizier Voja Tankosić, zusammengerufen worden und von Milan Ciganović, einem serbischen Geheimdienstler und ebenfalls Mitglied der Vereinigung, auf die Tat vorbereitet worden. Ciganović erhielt seine Befehle von Tankosić, und dieser wiederum war rechenschaftspflichtig gegenüber Apis. In der Gestalt von Apis gab es also, wie wir heute wissen, eine direkte Verbindung zwischen den jungen Attentätern in Sarajewo und der serbischen Regierung.

Die Attentäter erhielten ihre Schießausbildung in Belgrad und wurden am 27. Mai mit vier Revolvern und sechs kleinen Bomben aus dem serbischen Staatsarsenal in Kragujevac ausgerüstet, die sie in den nächsten Tagen auf getrennten Wegen nach Sarajewo schmuggelten. Bei dem heimlichen Grenzübergang erhielten alle drei Hilfe von Mitgliedern der «Schwarzen Hand». In Bosnien warteten weitere potentielle Königsmörder, darunter der dreiundzwanzigjährige bosnische Serbe Danilo Ilić, ebenfalls Mitglied der «Schwarzen Hand» und der nationalistischen Vereinigung «Junges Bosnien». Bereits im Januar 1914 hatte er zusammen mit Tankosić und dem Herzegowiner Muhamed Mehmedbašić ein Attentat auf den österreichischen Gouverneur in Bosnien, Oskar Potiorek, geplant, vor dem der nervenschwache Mehmedbašić in letzter Minute allerdings zurückgeschreckt war. Zu ihm gesellten sich noch zwei weitere potentielle Attentäter aus Sarajewo: Der jüngere, gerade mal siebzehn, war Veljko Čubrilović, und Civijetko Popović war achtzehn Jahre alt. Sie alle waren fanatisierte, zum Selbstmord bereite Attentäter – überzeugt, dass es lohnend war, für die nationale großserbische Sache zu morden und zu sterben. Darin eiferten sie ihrem Idol, dem Märtyrer Bogdan Žerajić nach, einem zweiundzwanzigjährigen Serben aus Herzegowina, der 1910 versucht hatte, Kaiser Franz Joseph zu ermorden, als dieser anlässlich der feierlichen Parlamentseröffnung Sarajewo einen Besuch abgestattet hatte. Statt den alten Kaiser zu erschießen, hatte er dann allerdings fünfmal auf den österreichischen Gouverneur, General Varešanin, gefeuert, ohne diesen aber zu treffen. Zuletzt richtete er sich selbst hin. Trotz habsburgischer Versuche, ihn ohne großes Aufsehen zu beerdigen, war er durch seinen Freitod zum Märtyrer für die großserbische Sache geworden. Und zum Vorbild für die im Juni 1914 zusammengekommenen jungen Männer.

Seine Vorbildfunktion bestand natürlich nicht darin, dass auch ihr erster Versuch, den Erzherzog am 28. Juni zu ermorden, scheiterte. Die von Nedeljko Čabrinović am Appelquai geworfene Bombe prallte von dem offenen Gräf-&-Stift-Cabriolet ab, in dem das Paar, für das die Straße säumende Publikum gut sichtbar, vom Bahnhof aus durch die Straßen von Sarajewo zum Rathaus fuhr. Sie explodierte unter dem nachfolgenden Wagen und verletzte einige Zuschauer sowie die Insassen des Automobils, darunter Oberstleutnant Erik von Merizzi, den Adjutanten Oskar Potioreks. Viele Zuschauer in der dichten Menschenmenge hatten die laute Explosion für ein feierliches Kanonensalvo gehalten. Der Erzherzog blieb unverletzt, und Sophie erlitt nur eine kleine Wunde an der Wange. Čabrinović schluckte sofort das Zyankali, mit dem alle Verschwörer ausgerüstet waren, und sprang vom Kai aus in den Miljačka. Der Fluss war jedoch in der Sommerhitze fast ausgetrocknet, so dass man den gescheiterten Attentäter am Ufer verhaften konnte, denn auch das Zyankali hatte seine gewünschte Wirkung verfehlt. Dem ihn verhaftenden Polizisten erklärte Čabrinović nichtsdestotrotz, er sei «ein serbischer Held».

Damit hätte die Sache ein Ende haben können. Ein geschei-

tertes Attentat von vielen; ein verhafteter Attentäter, der viel-
leicht Details des Komplotts verraten hätte; fünf verschreckte
Mitverschwörer, die sich in alle Winde zerstreut hätten; Franz
Ferdinand und seine Frau, noch einmal mit dem Schrecken davon-
gekommen. Und zunächst sah es auch ganz danach aus. Franz
Ferdinand bestand darauf, dass die Fahrt fortgesetzt werde, und
das Paar fuhr ahnungslos an mehreren der anderen Verschwörer
vorbei, von denen es aber keiner wagte, den ihm zugeteilten
Auftrag auszuführen. Franz Ferdinand und Sophie wurden zum
Rathaus gefahren, wo der unglückliche Bürgermeister, der im
Wagen vor ihnen gesessen hatte, seine Willkommensrede plan-
gemäß und ohne jede Änderung vom Blatt las, wohl weil er zu
schockiert war, um zu improvisieren. Franz Ferdinand unter-
brach ihn verärgert: «Ich komme hierher als Ihr Gast, und Ihr
Volk begrüßt mich mit Bomben!» In seiner Antwortrede dankte
er dem Bürgermeister etwas sarkastisch für den Aufruhr, mit
dem er von der Bevölkerung empfangen worden war und der
wohl ein Ausdruck der Freude darüber sei, dass das auf ihn
verübte Attentat fehlgeschlagen war.

Der für die Organisation des Besuchs verantwortliche Potiorek, dessen Sicherheitsmaßnahmen nun so offensichtlich fehlgeschlagen waren, sah sich außerstande, die Sicherheit des Erzherzogs bei einer Fortsetzung des Programms zu garantieren. Er
empfahl ihm daher, alle für den Rest des Tages vorgesehenen
Termine abzusagen und am Abend nach Wien zurückzureisen.
Aber das Paar bestand darauf, nach einem Besuch im Garni-
sonskrankenhaus bei dem verletzten Merizzi den offiziellen Teil
des Besuches fortzusetzen; lediglich die Besichtigung des Natio-
nalmuseums sollte ausfallen. Man einigte sich als Kompromiss
darauf, die Route zu ändern – man wollte nun nicht mehr, wie
vorher geplant, rechts in die Franz-Josef-Straße einbiegen, sondern auf dem Appelquai weiterfahren. Von diesen Änderungs-
plänen war aber offenbar nichts zum Fahrer des ersten Wa-
gens in der Kolonne durchgedrungen, und so kam es zum
berühmtesten und wohl verhängnisvollsten Falschfahren in der
Geschichte.

Der Fahrer folgte der ursprünglichen Route und bog in die

Franz-Josef-Straße ein. Während des nun hastig eingeleiteten, aber nur langsam vorankommenden Wendemanövers präsentierte sich das Paar schutzlos seinem Mörder, der dort auf seine Gelegenheit wartete. Die Tatsache, dass nur 120 Polizisten die Fahrtroute der Kolonne bewachten, ermöglichte es Princip, seinen Revolver ganz unbeobachtet zu ziehen. Aus einer Distanz von nur wenigen Metern konnte er auf den Erzherzog zielen, als dessen Wagen direkt vor ihm zum Stehen gekommen war. Er zögerte kurz, weil er Sophie nicht verletzen wollte, feuerte dann aber zwei Kugeln ab – und traf den Erzherzog im Hals und seine Frau im Unterleib. Sophie starb noch im Wagen, auf der raschen Fahrt zum *Konak,* der Residenz des österreichisch-ungarischen Gouverneurs, wo, so berichtete Potiorek noch am selben Vormittag nach Wien, «ärztliche Hilfe sofort zur Stelle war». Franz Ferdinand starb um kurz nach elf Uhr morgens im *Konak* auf der Chaiselongue, die noch heute, zusammen mit dem Automobil und der blutdurchtränkten Uniform des Thronfolgers, im sogenannten Sarajewo-Raum des Wiener Heeresgeschichtlichen Museums zu finden ist, allesamt Zeugen eines Ereignisses, das viel gewaltigere Folgen haben würde, als es die Verschwörer je hätten voraussehen können.

Auch Princip gelang es nicht, sich selber mit Zyankali zu vergiften. «Die beiden Attentäter sind sofort nach ihren abscheulichen Taten verhaftet und von der umgebenden Volksmenge fast erschlagen worden», berichtete Potiorek. Über den Hintergrund des Attentats und die Verbindung zur «Schwarzen Hand» schwiegen sich die Verhafteten beharrlich aus. Was damals kaum jemand wusste, heute aber zweifellos feststeht: Der serbische Premierminister, Nicola Pašić, hatte von den Attentatsplänen gewusst und versucht, den österreichischen Gesandten zu warnen. Dessen Warnung an Leon Ritter von Biliński in Wien, den österreich-ungarischen Finanzminister, der auch der Gouverneur von Bosnien und Herzegowina war, wurde aber dort nicht ernst genommen, eine Tatsache, die nach dem Attentat sowohl Pašić als auch Biliński verschweigen wollten. Der serbische Premier wusste, dass das Attentat seine Regierung in eine prekäre Situation gebracht hatte. Alles hing nun davon ab,

wie die Welt und vor allem wie Wien auf die Nachricht vom
Tod des Erzherzogs reagieren würde.

3. Erste Reaktionen auf das Attentat

Alle Versuche, den Erzherzog im *Konak* wiederzubeleben, scheiterten. Kurz nach 11 Uhr morgens verkündeten die Kirchen-
glocken in Sarajewo den Tod des österreichisch-ungarischen
Thronfolgers und seiner Frau. Bald waren die Regierungen in
allen Hauptstädten Europas über das Verbrechen informiert, und
die Ermordung des Erzherzogs machte allerorts Schlagzeilen.
Die Londoner *Times* sprach von einer «schrecklichen Tragödie».
Mitglieder des königlichen Haushaltes in London waren «un-
aussprechlich schockiert», und König Georg V. ordnete eine
Woche Trauer am Hofe an. Kaiser Wilhelm II. in Berlin, ein
persönlicher Freund des Erzherzogs, war tief erschüttert über
die Tat und sah darin einen großen Verlust für «das germani-
sche Element im österreichischen Staate».

Aber es gab auch andere Stimmen. In Italien waren Antonio
Salandra, der Premierminister, und Antonino di San Giuliano,
der Außenminister, sich einig, dass man nun erleichtert aufat-
men könne. Nicht nur sei der Erzherzog «kein Freund Italiens»
gewesen, sondern auch bei seinen Verwandten nicht sonderlich
beliebt und werde «trotz seines tragischen Endes wenig be-
dauert». Der italienische Botschafter Riccardo Bollati in Berlin
gewann sogar den Eindruck, dass Franz Ferdinand auch in
Deutschland eher unbeliebt gewesen war, und berichtete, man
habe kein unbedingtes Vertrauen in ihn gehabt. Unterstaats-
sekretär Arthur Zimmermann erklärte dies mit Franz Ferdinands antiungarischer und antiitalienischer Haltung sowie der
Tatsache, dass er zu Hause auf Seiten der Slawen stand; außerdem sei er «launisch [und] gewalttätig». «Ohne seine Qualitä-
ten und Vorzüge abstreiten zu wollen, vor allem im Hinblick auf
die Armee, kann man davon ausgehen, dass sein Ableben die

Situation der Monarchie vereinfachen statt komplizieren würde, sowohl zu Hause als auch im Ausland», urteilte Zimmermann in einem Gespräch mit Bollati am 30. Juni.

In Rumänien reagierte man jedenfalls mit Trauer auf die Nachricht vom Tode des Erzherzogs. In der Presse, so berichtete der britische Gesandte Aretas Akers-Douglas aus Bukarest, herrsche Einigkeit darüber, dass Franz Ferdinand ein «Beschützer von Minoritäten und Unterstützer von nationalen Zielen» innerhalb der Doppelmonarchie gewesen sei. Der serbische Gesandte in Bukarest stellte dann auch besorgt fest, dass die Reaktion der Rumänen «viel weniger freundlich gegenüber Serbien war, als wir es erwartet hätten».

In Wien war die offizielle Reaktion auf das Attentat gemischt, und es gab, so Imanuel Geiss, eine «peinliche Diskrepanz zwischen offizieller Empörung und dem ‹Begräbnis dritter Klasse› einerseits, öffentlicher Indifferenz und interner Erleichterung über das Abtreten des Thronfolgers andererseits». Gewiss, nach außen hin gab man sich empört und gramvoll, und der Tod des Thronfolgers wurde als großer Verlust dargestellt. Aber sein aufbrausendes Temperament und seine unberechenbaren Launen hatten den Erzherzog bei seinen zukünftigen Untertanen nicht beliebt gemacht. Auch bei seinem Onkel, Kaiser Franz Joseph, stand er nicht zuletzt wegen seiner dem Wiener Hofzeremoniell nicht gerecht werdenden morganatischen Ehe mit Sophie von Hohenberg nicht besonders hoch im Kurs. Zugleich genoss er auch am Ballhausplatz, wo sich das österreichisch-ungarische Außenministerium befand, kein hohes Ansehen, vor allem wegen seiner toleranten Einstellung gegenüber den Minoritäten der Doppelmonarchie. Viele befürchteten, dass den Tschechen, Serben, Kroaten und anderen Minderheiten bei seiner Thronfolge mehr Rechte zugestanden werden würden. Dies machte ihn bei vielen Österreichern, aber ganz besonders bei den Ungarn unpopulär. Wie wir gesehen haben, half es leider auch seinem Ansehen in Serbien nicht. Auch war seinen Zeitgenossen klar, dass Franz Ferdinand gegen einen Krieg war. So notierte der österreichische Journalist Josef Redlich während der Julikrise in sein Tagebuch, was er und Graf Alexander von

Hoyos in der Nacht nach der Übergabe des Ultimatums an Serbien diskutierten: «Wir sprechen beide über die Erzherzog-Legende: Die Welt weiß nicht, dass der Erzherzog immer gegen Krieg war. So hat er uns durch seinen Tod zu der Energie verholfen, die er nie aufbringen wollte, solange er lebte!»

Selbst im Tod noch wurden Sophie und Franz Ferdinand vom Hofzeremoniell gedemütigt. Die Leichen wurden per Schiff und Zug, ganz prunklos, nach Wien transportiert, und bei der offiziellen Aufbahrung der Leichen in der Hofburg wurde Franz Ferdinands Sarg höher aufgebahrt, um auch hier keinen Zweifel an Sophies niederem Rang zu lassen. Ein offizielles Begräbnis sollte der Gattin des Erzherzogs vorenthalten werden. Die Trauerfeier in der Kapuzinerkirche dauerte ganze fünfzehn Minuten; und der Onkel des Erzherzogs, Kaiser Franz Joseph, hatte auf seine Anwesenheit zu diesem Anlass gleich ganz verzichtet. Henry Wickham Steed von der Londoner *Times* gewann den Eindruck, der Erzherzog sei «wie ein Hund begraben» worden. In weiser Voraussicht hatte das Paar für den Fall seines Todes jedoch schon Pläne gemacht, um Sophie im Tod weitere habsburgische Demütigungen zu ersparen, und 1910 eine Familiengruft in der Kirche von Franz Ferdinands Schloss Artstetten bauen lassen. Dort fand am 4. Juli ihre bescheidene Beisetzung statt – ein Begräbnis dritter Klasse vielleicht, aber wenigstens eines ohne weitere Demütigungen.

Nur einen Tag nach dem Attentat kamen Generalstabschef Franz Conrad von Hötzendorf und Außenminister Leopold von Berchtold zu einer vertraulichen Unterredung zusammen. Conrad drang sofort auf einen Krieg gegen Serbien – schon seit Jahren hatte er einen solchen herbeigesehnt, und solange die Empörung der Großmächte über das Attentat noch anhielt, bot sich eine goldene Gelegenheit, den Störenfried auf dem Balkan auszuschalten. Auch ohne direkte Beweise setzte er eine serbische Komplizenschaft voraus. Es handelte sich «um ein Attentat gegen die Monarchie, dem ein *sofortiger* Schritt folgen müsse», versicherte Conrad dem Außenminister und verlangte eine «Mobilisierung gegen Serbien». Berchtold hingegen war von der Notwendigkeit eines Krieges keineswegs überzeugt.

«Ich habe mir ein anderes Vorgehen zurechtgelegt», erwiderte er. «Wir stellen an Serbien die Forderung, gewisse Vereine aufzulösen, den Polizeiminister zu entlassen u. dgl.» Der Außenminister befand sich in einer schwierigen Situation – der Kaiser, aber auch der ungarische Ministerpräsident Istvan Tisza waren gegen einen Krieg. Ihnen gegenüber standen die kriegstreibenden «Falken», zu denen neben Conrad auch einige andere Herren vom Ballhausplatz gehörten, etwa der Kabinettschef im Außenministerium, Graf Alexander von Hoyos, und Graf Johann Forgách, Sektionschef im österreichischen Außenministerium. Berchtold stimmte am 29. Juni mit Conrad darin überein, «dass allerdings der Moment zur Lösung der serbischen Frage vorliege und er mit Seiner Majestät darüber sprechen würde. Vor allem müsse man aber den Ausgang der Untersuchung abwarten.» Einer sofortigen Mobilisierung stimmte er aber nicht zu.

Es galt zunächst herauszufinden, wie sich der Verbündete in Berlin zu der Sache stellen würde. Dazu bot sich bereits am nächsten Tag Gelegenheit, während einer Besprechung mit dem deutschen Botschafter in Wien, Heinrich von Tschirschky. Der Botschafter zeigte sich allerdings einem Krieg gegenüber eher abgeneigt. Er berichtete nach der Unterhaltung aus Wien: «Hier höre ich, auch bei ernsten Leuten, vielfach den Wunsch, es müsse einmal gründlich mit den Serben abgerechnet werden. Man müsse den Serben zunächst eine Reihe von Forderungen stellen und, falls sie diese nicht akzeptieren, energisch vorgehen. Ich benutze jeden solchen Anlass, um ruhig, aber sehr nachdrücklich und ernst vor übereilten Schritten zu warnen.»

Sein Bericht über diese Audienz vom 30. Juni, am 2. Juli in Berlin empfangen, wurde vom deutschen Kaiser Wilhelm II. mit aufbrausenden Kommentaren am Rand versehen, nicht etwa jedoch, weil man es in Wien offenbar auf einen Krieg ankommen lassen wollte, sondern weil der ahnungslose Tschirschky beschwichtigend auf die Österreicher eingewirkt hatte. In den Marginalien ereiferte sich der Kaiser: «wer hat ihn dazu ermächtigt? das ist sehr dumm! geht ihn gar nichts an, da es lediglich Österreichs Sache ist, was es hierauf zu thun gedenkt.» Hier liest man auch die ersten von vielen ermutigenden Ratschlägen aus Berlin in der Julikrise: «Mit den Serben muss aufgeräumt werden, <u>und</u> zwar <u>bald</u>.» Der Kaiser war allerdings einer der wenigen, die tatsächlich um den Erzherzog trauerten – noch vor wenigen Wochen, vom 12. bis 13. Juni, hatte er sich mit «Franzi», mit dem ihn echte Freundschaft verband, in Konopischt, 50 Kilometer südöstlich von Prag, getroffen. Abgesehen davon, galt Königsmord in Wilhelms Augen prinzipiell als ein Verbrechen, das unbedingt gerächt werden musste. Für das Auswärtige Amt in Berlin, das das von Wilhelm annotierte Dokument am 4. Juli zurückerhielt, ergab sich daraus, dass Wilhelm ein starkes Auftreten der Österreicher billigte. Tschirschkys Beschwichtigungsversuche gegenüber den Österreichern nahmen daraufhin Anfang Juli ein abruptes Ende. Nach dieser ersten abwiegelnden deutschen Reaktion gab es von ihm – und von Berlin aus – nur noch Zuspruch, energisch und bald zu handeln. So erfuhr Alexander von Hoyos von dem offensichtlich aus der Wilhelmstraße gut unterrichteten Publizisten Victor Naumann bereits am 1. Juli, dass man im Auswärtigen Amt «den Augenblick für günstig halte, um die große Entscheidung herbeizuführen». Er führte aus, «man sei in Berlin über die russischen Rüstungen und die neuerlich für den Herbst beabsichtigte Mobilisierung einer großen russischen Truppenmacht sehr beunruhigt». Mit London habe sich eine deutliche Besserung der Beziehung ergeben, und man glaube in Berlin «die Sicherheit zu haben, dass England in einen europäischen Krieg nicht eingreifen werde». Diese Überzeugung trieb die deutschen Verantwortlichen tatsächlich während der gesamten Julikrise an, wie wir noch sehen werden, und trug viel zur deutschen Haltung in der Krise bei.

Und hier kristallisierte sich auch schon heraus, wie die deutsche Haltung vis-à-vis Österreich in der gesamten Krise aussehen würde: «Österreich-Ungarn sei als Monarchie und Großmacht verloren, wenn es diesen Moment nicht benütze», drohte Naumann. Dieses Schreckgespenst erhob im Verlauf der Krise immer wieder sein Haupt, wenn es darum ging, beim Verbündeten eine entschlossene Haltung zu erwirken, und wann immer es so aussah, als wolle man in Wien den Mut verlieren. In Berlin war man überzeugt – so Naumann –, dass der deutsche Kaiser Österreich-Ungarn «jede Zusicherung geben und diesmal auch bis zum Kriege durchhalten wird, weil er die Gefahren für das monarchische Prinzip einsieht». Und das Auswärtige Amt würde «dieser Stimmung nicht entgegentreten».

Deutschlands Haltung gegenüber dem verbündeten Österreich-Ungarn brachte Zimmermann auf den Punkt, als er auf Hoyos' Frage, man werde doch wohl in Berlin nicht ernsthaft geglaubt haben, «dass Österreich-Ungarn den Mord des Thronfolgers ruhig hinnehmen und nicht reagieren würde», erwiderte: «Nein, aber gefürchtet hatten wir dies doch etwas.»

Es hätte einer deutschen Ermutigung allerdings nicht bedurft, um in Wien Besorgnis über das internationale Ansehen der Doppelmonarchie aufkommen zu lassen. Es war daher auch keineswegs so, als sei ein zögerndes Österreich-Ungarn von Deutschland unter Zugzwang gesetzt worden. Dennoch spielte die Haltung des Verbündeten eine entscheidende Rolle im Denken der Österreicher. Am 30. Juni hatte Conrad eine weitere Besprechung mit Berchtold. «Der unter Patronanz Serbiens verübte Mord sei ein Kriegsgrund», versicherte Conrad, und er verlangte, dass man Deutschland «vor allem fragen [solle], ob es uns den Rücken gegen Russland decken wolle oder nicht». Dass Deutschlands Haltung für den Ausgang der Krise ausschlaggebend war, steht damit außer Frage.

Nicht nur dem Generalstabschef schien ein energisches Auftreten die einzig mögliche Reaktion auf die Provokation aus Serbien. So erinnerte sich Leopold Baron von Andrian-Werburg (Leiter des Generalkonsulats in Warschau) nach dem Krieg, dass er mit seinen Kollegen im Juli 1914 einig gewesen sei, nur ein Krieg könne Österreich retten. In zwei bis drei Jahren, so die Einschätzung Andrians im Juli 1914, würden Serbien, Rumänien und Russland der Doppelmonarchie ohnehin einen Krieg aufdrängen – daher sei es also besser, jetzt diesen Krieg zu führen, unter guten Voraussetzungen. Und so konnte Andrian nach dem Krieg auch konstatieren: «Wir haben den Krieg angefangen, nicht die Deutschen und noch weniger die Entente – das weiß ich.» Es sei damals «um die Existenz des Vaterlandes» gegangen. Schon am 15. Juli hatte Hoyos erklärt:

«Wenn der Weltkrieg daraus entsteht, so kann uns das gleich bleiben.»

Es war fast allen europäischen politisch und militärisch Verantwortlichen bewusst, dass die Ermordung Franz Ferdinands ernste Konsequenzen haben könnte. Man hoffte aber allgemein, dass es nicht zu größeren Verwicklungen kommen werde. Im britischen Außenministerium schrieb Sir Arthur Nicolson am 30. Juni an den britischen Botschafter in Petersburg: «Die Tragödie, die sich kürzlich in Sarajewo abgespielt hat, wird, wie ich hoffe, nicht zu weiteren Verwicklungen führen.» Im Ausland wurde allgemein anerkannt, dass Österreich-Ungarn Anspruch auf Satisfaktion hatte. Man hoffte aber, diese werde nicht ausschweifen in antiserbische Agitation oder gar die Souveränität Serbiens beeinträchtigen. So zumindest wurde aus Paris und Petersburg gewarnt. Das Recht auf Kompensation wurde Wien in der Tat zugesprochen.

Allerdings gab es da ein Problem: Mit einer Kompensation, das heißt einem diplomatischen Erfolg gegenüber Serbien, war es für die Wiener Regierung nicht getan. Sie wollte nun endlich die Chance für einen Krieg gegen Serbien nutzen, um sich so einer stets schwelenden nationalistischen Gefahr für den Bestand der Doppelmonarchie zu entledigen. Da ein Sieg wie selbstverständlich vorausgesetzt wurde, kam es nur auf den richtigen Anlass an – und ein solcher schien sich hier zu präsentieren. Man glaubte, handeln zu müssen, denn der Ruf des österreichisch-ungarischen Staates stehe auf dem Spiel. Außerdem war auch der vermeintliche Großmachtstatus des Vielvölkerstaates bedroht – man sah sich vom kleineren Serbien unterminiert und empfand einen gewissen Zugzwang, um der Welt und sich selber zu beweisen, dass man auf Provokationen aus Serbien noch forsch antworten könnte, anstatt Europas «kranker Mann» zu sein. Dann lieber «schnell untergehen», meinte Hoyos. Wie Redlich in der Nacht vom 23. auf den 24. Juli nach einer langen Unterhaltung mit Hoyos notierte: «Unsere Note ist sehr kräftig, sie wird [...] einen furchtbaren Sturm in Europa erregen. Wir sind also noch fähig zu wollen! Wir wollen und dürfen kein kranker Mann sein, sagt Alek, lieber rasch zugrunde gehen! [...]

So bricht heute ein großer Tag an: hoffentlich führt er zu einer Gesundung Österreichs.»

So kamen in dieser Krise Gelegenheit und empfundener Zugzwang zusammen; eine fatale Kombination. Wie wir gesehen haben, waren bislang die Gelegenheiten zu einem Krieg daran gescheitert, dass die Bündnispartner sich nicht einig und vor allem Berlin nicht bereit gewesen war, Wien in einem Balkankrieg zu unterstützen. Und so war es denn auch den Österreichern im Juli 1914 wichtig, als Erstes den Allianzpartner zu konsultieren. Wie würde Berlin reagieren, falls es zu einem Krieg der Österreicher gegen Serbien käme? Um dies herauszufinden, entsandte man Alexander (Alek) von Hoyos, der – mit einem kaiserlichen Handschreiben und einem langen Memorandum der österreichischen Regierung ausgestattet – nach Berlin reiste. Dort instruierte er am 5. Juli den österreichisch-ungarischen Botschafter, Graf Szögyény, der dann im Potsdamer Schloss beim Kaiser vorstellig wurde.

Franz Josephs handgeschriebener Brief an Wilhelm enthielt, was er bei einem persönlichen Treffen mit dem Kaiser bei dessen geplantem Besuch in Wien anlässlich der Beisetzung von Franz Ferdinand hätte besprechen wollen; aber die Reise des deutschen Monarchen war aus Sicherheitsbedenken abgesagt worden. Franz Joseph führte aus, dass es ihm «sehr erwünscht gewesen [wäre], die politische Lage mit Dir zu besprechen». Stattdessen schicke er nun ein langes Memorandum, in Wien schon vor dem Attentat verfasst und jetzt der neuen Situation angepasst, und einen Brief an den Bündnispartner, in dem er ausführte, dass das «gegen meinen armen Neffen verübte Attentat [...] eine direkte Folge der von den russischen und serbischen Panslawisten betriebenen Agitation [war], deren einziges Ziel die Schwächung des Dreibundes und die Zertrümmerung meines Reiches ist».

Die Frage aus Wien, ob Deutschland im Ernstfall den Bündnispartner unterstützen werde, bejahte der Kaiser bedingungslos – zunächst sogar, ohne den verantwortlichen Kanzler Theobald von Bethmann Hollweg zu konsultieren. Dieser stimmte jedoch kurze Zeit später ohne jedes Bedenken zu, dass Deutschland den Bündnispartner unterstützen werde, wenn dieser «energische Schritte» gegen Serbien unternehmen wolle.

Dies war der berühmte Blankoscheck aus Berlin, mit dem Kaiser Wilhelm II. und sein Reichskanzler dem österreichischen Verbündeten «die volle Unterstützung Deutschlands» zusagten. Wie Szögyény am 5. Juli berichtete, versicherte der Kaiser dem österreichischen Botschafter nach Lektüre der Schriftstücke aus Wien, «dass Deutschland in gewohnter Bundestreue an unserer Seite stehen werde», selbst wenn es «sogar zu einem Krieg zwischen Oesterreich-Ungarn und Russland kommen» sollte. Aber in dieser historisch wichtigen Besprechung übte der deutsche Verbündete auch Druck auf die Österreicher aus, denn, so der Kaiser, wenn man in Wien «wirklich die Notwendigkeit einer kriegerischen Aktion gegen Serbien erkannt hätte», dann wäre es bedauerlich, diesen für Österreich «so günstigen Moment» ungenutzt verstreichen zu lassen. Am nächsten Tag versicherte Bethmann Hollweg dem Botschafter, dass er, ebenso wie der Kaiser, «ein sofortiges Einschreiten unsererseits [das heißt der Österreicher] gegen Serbien als radikalste und beste Lösung unserer Schwierigkeiten am Balkan ansieht». Bethmann Hollweg war davon überzeugt, dass Russland in wenigen Jahren unbesiegbar sein würde, und dies erklärt, warum er es auf einen Krieg ankommen lassen wollte, solange ein Sieg noch in Aussicht stand. Bei den Militärs herrschte eine ähnliche Furcht vor der zukünftigen Übermacht Russlands; ein Präventivkrieg war die einzige Möglichkeit zu verhindern, dass Russland bald unbesiegbar werden würde.

Der Blankoscheck aus Berlin war also weit mehr als nur ein Versprechen, den Partner gewähren zu lassen und ihn entsprechend zu unterstützen – denn zugleich wurde auf Wien regelrecht Druck ausgeübt, diese günstige Situation einer «Abrechnung» mit Serbien nicht ungenutzt zu lassen. Zusätzlich zu der serbischen Bedrohung fürchtete man in Wien nun sicherlich auch noch, dass der einzige Verbündete bald das Vertrauen in die Doppelmonarchie verlieren könnte und Österreich-Ungarn dann isoliert dastünde.

Diese deutsche Blankovollmacht gegenüber Österreich-Ungarn, es möge nach eigenem Gutdünken handeln – selbst auf die Gefahr einer Eskalation eines lokalen Krieges gegen Serbien in einen Krieg gegen Russland (und damit zwangsläufig gegen dessen Verbündeten Frankreich) hin –, ist ein Schlüsselmoment in der Julikrise. Stellt sich die Frage der Verantwortung für den Ausbruch des Krieges, so muss man, bei allen Beweisen, die für einen Kriegswunsch in Wien zeugen, doch die hypothetische Frage stellen, was geschehen wäre, wenn man in Berlin weniger ermutigend gewesen wäre. Ein bremsender Bündnispartner hätte den österreichischen Kriegsplanern zu denken gegeben, und die Entscheidungen, die in den folgenden Tagen in Wien gefällt wurden, wären zweifellos anders ausgefallen. Dies hätte vielleicht ernste Folgen für das Bündnis der beiden Allianzpartner gehabt, und zweifellos wäre eine gewisse Abkühlung der Beziehung erfolgt, aber trotzdem wäre es im frühen Juli, wie auch schon in vorherigen Balkankrisen, durchaus möglich gewesen, zur Vorsicht zu mahnen und diplomatische statt militärische Schritte zu planen.

Was aber war der Grund, warum Deutschland sich bereiterklärte, Wien so ausdrücklich zu unterstützen? Aus deutscher Sicht präsentierte sich hier tatsächlich eine gute Gelegenheit, die Entente auf die Probe zu stellen, solange man das Risiko eines europäischen Krieges noch eingehen konnte, also bevor die russischen Aufrüstungen komplett waren. Bezeichnend ist hierbei Bethmann Hollwegs Kalkül am 8. Juli: «Kommt der Krieg nicht, will der Zar nicht, oder rät das bestürzte Frankreich zum Frieden, so haben wir doch noch Aussicht, die Entente über dieser Aktion auseinanderzumanövrieren.» So hätte man Russland dann ausmanövriert und es zwar nicht militärisch, wohl aber diplomatisch besiegt.

Das Versprechen von Berlin ermöglichte es der Wiener Regierung, ihren nächsten Schritt gegen Serbien zu planen, was in einer historisch entscheidenden Sitzung des gemeinsamen Ministerrates am 7. Juli geschah. Dabei war allen Teilnehmern durchaus bewusst, dass ein Vorgehen gegen Serbien einen Krieg mit Russland nach sich ziehen könnte. Der Vorsitzende, Berchtold, führte aus, «dass ein Waffengang mit Serbien den Krieg mit Russland zur Folge haben könne». Dieser sei auf lange Sicht unvermeidlich, da Russland eine österreichfeindliche Außenpolitik betreibe. «Die logische Folge [...] wäre, unseren Gegnern zuvorzukommen und durch eine rechtzeitige Abrechnung mit Serbien den bereits in vollem Gange befindlichen Entwicklungsprozess aufzuhalten, was später zu tun nicht mehr möglich sein würde.» Er sprach also sowohl von einem Präventivkrieg gegen ein in Zukunft auf dem Balkan intervenierendes Russland als auch von einer Abrechnung mit Serbien, das von allen Sitzungsteilnehmern als verantwortlich für das Attentat betrachtet wurde, obwohl die Untersuchung der Hintergründe des Mordes noch längst nicht abgeschlossen war.

Einzig der ungarische Premierminister Istvan Tisza sprach sich an diesem bedeutsamen 7. Juli gegen ein sofortiges Handeln gegen Serbien ohne vorherige diplomatische Bemühungen aus, wobei er allerdings einräumte, «dass auch er die Möglichkeit einer kriegerischen Aktion gegen Serbien für näher gerückt halte, als er es gleich nach dem Attentat von Sarajewo geglaubt habe». Die von ihm angeregte diplomatische Aktion fand aber keinen großen Zuspruch. Berchtold hob hervor, «dass diplomatische Erfolge gegen Serbien zwar das Ansehen der Monarchie zeitweilig gehoben, aber die tatsächlich bestehende Spannung in unseren Beziehungen zu Serbien sich nur noch verstärkt hätten». K. u. k.-Ministerpräsident Graf Karl von Stürgkh stimmte damit überein, «dass die Situation durch einen diplomatischen Erfolg in keiner Weise gebessert werden könnte». So eine Vorgehensweise müsse «mit der festen Absicht geschehen, dass diese Aktion nur mit einem Kriege enden dürfte». Kriegsminister Alexander von Krobatin brachte es auf den Punkt: Er war «der Ansicht, dass ein diplomatischer Erfolg keinen Wert habe». Auch dies ist ein entscheidender Moment in der Julikrise: Einzig ein militärischer Erfolg wurde von den Verantwortlichen erwogen – und das Gegenteil, sei es nun ein diplomatischer Erfolg oder gar eine militärische Niederlage, erst gar nicht in Betracht gezogen. Die Waffen, nicht die Diplomatie sollten ein für alle Mal mit dem Störenfried am Balkan abrechnen und zugleich Österreich-Ungarns Großmachtposition auf dem Balkan bestätigen. Natürlich setzte man voraus, dass dieser Waffengang siegreich verlaufen würde, und man sah auch keinen vier Jahre dauernden

Weltkrieg voraus. Trotzdem wurde ein Krieg, der sehr wahrscheinlich europäische Dimensionen annehmen würde, befürwortet und Alternativen bewusst verworfen.

Nach langen Diskussionen einigte man sich endlich auf den Plan, einen Krieg gegen Serbien mit einem Ultimatum zu beginnen, das man in Belgrad unmöglich akzeptieren könne. So dachte man, nach außen moderat zu erscheinen. Man war sich einig (mit Ausnahmen Tiszas), «dass ein rein diplomatischer Erfolg, wenn er auch mit einer eklatanten Demütigung Serbiens enden würde, wertlos wäre und dass daher solche weitgehenden Forderungen an Serbien gestellt werden müssten, die eine Ablehnung voraussehen ließen, damit eine radikale Lösung im Wege militärischen Eingreifens angebahnt würde». Mit anderen Worten, das Ultimatum sollte die Tatsache verschleiern, dass man bewusst auf einen Krieg mit Serbien hinarbeitete. Ein Krieg würde dann mit dem Recht auf Österreich-Ungarns Seite beginnen, dessen Bedingungen Serbien ablehnen würde – so zumindest die Planung.

Im Urteil vieler Historiker ist diese Einstellung, die einen diplomatischen Erfolg von Anfang an als unzulänglich sah, oft kritisiert worden. Von unserer Warte aus und mit dem Wissen darüber, welche Folgen diese Entscheidung nach sich zog, ist dies in der Tat nur schwer nachzuvollziehen. Es ist aber wichtig, sich in die Situation der Zeitzeugen hineinzuversetzen. Wie Christopher Clark zuletzt hervorgehoben hat, war die Einschätzung der internationalen Situation zum damaligen Zeitpunkt durchaus realistisch – Österreich erschien seinen Verbündeten und seinen potentiellen Feinden tatsächlich als eine Großmacht auf dem absteigenden Ast. Was nützte da ein diplomatischer Erfolg? Würde nicht Serbien bei der nächsten Gelegenheit wieder zum Provokateur, würde sein Streben nach Einfluss auf dem Balkan nicht weiterhin eine Bedrohung für die Doppelmonarchie darstellen? Blieb den Österreichern, etwas überspitzt gesagt, eine andere Möglichkeit, als mit den Serben «energisch aufzuräumen», wie es schon zuvor Kaiser Wilhelm II. vorgeschlagen hatte? Wieder eine hypothetische Frage, aber sie muss zumindest gestellt werden, denn zweifellos hatten sich genau diese Frage auch die Mitglieder der Wiener Regierung gestellt. Aber dennoch bleibt die Tatsache, dass Wiens Staatsmänner willkürlich einen Krieg gegen Serbien planten, dessen voraussichtliche Eskalation sie klar erkannten und bewusst mit einkalkulierten. Vielleicht waren sie tatsächlich unter Entscheidungszwang. Sicherlich empfanden sie es so. Das erklärt die Entscheidungen, die sie trafen, aber es entschuldigt sie nicht.

Wichtig war nun, sowohl in Wien als auch in Berlin, die Geheimhaltung des gefassten Planes, nicht zuletzt, weil man das Ultimatum nicht sofort übergeben konnte. Erstens war es die Zeit des jährlichen Ernteurlaubs der Reservisten der Doppelmonarchie, man konnte unmöglich sofort mobilisieren. Eine verfrühte Rückkehr der Soldaten würde die Ernte gefährden, und wie Berchtold am 6. Juli in einem Gespräch mit dem Generalstabschef und mit Forgách ausführte, müsse im Kriegsfall die Monarchie ein ganzes Jahr lang von der Ernte existieren. Zweitens wäre mit Übergabe eines Ultimatums auch das Ausland alarmiert, dass man in Wien auf eine militärische Aktion zusteuerte. Des Weiteren stellte sich das Problem eines seit dem Frühjahr geplanten französischen Staatsbesuchs in Russland. Für den 21. bis zum 23. Juli hatten der französische Präsident Raymond Poincaré, der Premierminister René Viviani und der Politische Direktor des Quai d'Orsay Pierre de Margerie in Petersburg ihren Besuch angesagt. Am 16. Juli sollte die Delegation den Hafen von Dünkirchen verlassen und erst am 29. Juli wieder französischen Boden betreten. Während der Zeit in Petersburg wäre es so den Verbündeten Frankreich und Russland möglich gewesen, gemeinsam auf eine österreichische Provokation zu reagieren und ihre Reaktionen auf ein österreichisches Ultimatum sehr viel schneller miteinander zu koordinieren. Daher wollte man in Wien mindestens abwarten, bis sich Poincaré und seine engsten Mitarbeiter an Bord ihres Schiffes auf dem langen Heimweg befanden und direkter Kontakt mit ihnen für den russischen Verbündeten nicht möglich wäre.

Wie Tschirschky in einem Privatbrief vom 11. Juli erklärte, müsse die Note an Belgrad, wenn möglich, «vor der Abreise des Herrn Poincaré aus Paris oder nach dessen Abreise von Petersburg in Belgrad übergeben werden». Er bemerkte in dem «ganz geheim» markierten Privatschreiben außerdem, Berchtold und Forgách hätten ihn gebeten, «über vorstehende, ganz geheime, Mitteilungen nicht zu telegraphieren, sondern im Privatbrief zu schreiben, damit absolute Geheimhaltung verbürgt sei». Graf Berchtold brachte in einer weiteren Besprechung mit Tschirschky das österreichische Kalkül auf den Punkt: «Es sei wenn möglich zu vermeiden, dass in Petersburg bei Champagnerstimmung und unter dem Einfluss der Herren Poincaré, Iswolsky und der Großfürsten eine Verbrüderung gefeiert werde.» Man könne aber in Berlin «vollkommen sicher sein [...], dass von einem Zögern oder einer Unschlüssigkeit hier keine Rede sei».

Die Julikrise war in den ersten Juliwochen einzig ein österreichisch-ungarisches und deutsches Unterfangen – bewusst geheim gehalten, um es den anderen Großmächten nicht zu ermöglichen, durch eventuelle Mediationsversuche einen Krieg gegen Serbien doch noch zu verhindern. Diese offizielle Geheimhaltung resultierte in der Ruhe vor dem Sturm zwischen dem 28. Juni und dem 23. Juli; nur der deutsche Verbündete wurde von Wien ins Vertrauen gezogen. Selbst Italien, der Dritte im Dreibund, wurde absichtlich nicht informiert über das geplante Vorhaben. So notierte zum Beispiel Graf Hoyos nach seiner Berliner Mission, es sei eine seiner Aufgaben gewesen, «die deutschen Staatsmänner davon zu überzeugen, dass es uns nicht möglich sein würde, Italien vorher von unseren Absichten gegenüber Serbien in Kenntnis zu setzen». Er nannte dafür zweierlei Gründe: «weil wir einerseits Indiskretionen zu befürchten hätten und andererseits genau wüßten, dass Italien [...] an uns mit der Forderung nach Übergabe Südtirols herantreten und im Falle unseres Refus sofort eine feindliche Haltung gegen uns einnehmen würde». Dies war eine akkurate Einschätzung, wie der Rückblick zeigt. Italien bestand später in der Tat darauf, Kompensation für eventuelle österreichische Gebietsannexionen zu erhalten. In Berlin war man dafür, Italien einzuweihen, aber in Wien bevorzugte man Geheimniskrämerei.

Berchtold bestätigte dies in einem Gespräch mit Botschaftsrat Wilhelm Prinz zu Stolberg-Wernigerode am 18 Juli. Er habe bislang Italien gegenüber «kein Wort verlauten lassen und beabsichtige auch, die italienische Regierung vor ein *fait accompli* zu stellen, da sie ihm in puncto Verschwiegenheit nicht ganz sicher sei und bei ihrer serbophilen Haltung leicht in Belgrad etwas durchsickern könne». Der deutsche Militärbevollmächtigte in Wien Karl Graf Kageneck wusste zu berichten, dass Italien nicht von den Schritten gegen Serbien unterrichtet werde, weil man in Wien nicht sicher war, «dass sie d[as] Maul halten».

Während man also nach außen hin bewusst so tat, als plane man keine Aktion gegen Serbien, wurde insgeheim das Ultimatum vorbereitet. «Ein schnelles fait accompli, und dann freundlich gegen die Entente, dann kann der Chock ausgehalten werden», hatte Bethmann Hollweg am 11. Juli seinem Privatsekretär erklärt. Allerdings bedauerte er, dass es «kaum möglich» sei, «ihnen [den Österreichern] von Berlin aus die Hand zu führen».

In Wien wurde in weiteren wichtigen Besprechungen, so zum Beispiel einem zweiten großen Ministerrat am 14. Juli, an den Feinheiten des Wortlautes für das Ultimatum und den Details der Übergabe gefeilt. «In betreff des Zeitpunktes der Übergabe [der Note] an Serbien sei heute beschlossen worden, lieber bis nach der Abreise Poincarés aus Petersburg zu warten, also bis zum 25.», berichtete Tschirschky aus Wien, und der Kaiser kommentierte «wie schade» am Rand. Der Überraschungseffekt war offensichtlich durch den langen Aufschub verloren gegangen.

Nach außen hin wurde weiterhin äußerste Geheimhaltung betrieben, und man gab in Wien «durch die gleichzeitige Beurlaubung des Kriegsministers und des Generalstabschefs den Anschein friedlicher Gesinnung». General Conrad und Kriegsminister Krobatin verließen Wien aufgrund der «anscheinenden sauren Gurkenzeit». Dem deutschen Kaiser erschien es «kindisch», wie er in einer Marginalie anmerkte, dass in Wien der Kriegsminister und Generalstabschef in den Urlaub fuhren, «um jeder Beunruhigung vorzubeugen». Er übersah dabei allerdings, dass in Berlin die gleiche Taktik angewandt wurde, um Ruhe vorzutäuschen, derweil auch hier hinter den Kulissen intrigiert wurde. So ging Wilhelm II. nach seiner Besprechung mit Szögyény und seinen engsten Beratern am 5. und 6. Juli wie geplant auf seine jährliche Nordlandfahrt, Staatssekretär Jagow verbrachte seine

Flitterwochen in der Schweiz, und die leitenden Militärs fuhren wie geplant in ihren Urlaub. Generalstabschef Helmuth von Moltke weilte seit dem 28. Juni zur Kur in Karlsbad und wurde von seinen Kollegen über die Entwicklung der Krise auf dem Laufenden gehalten. Diese absichtliche Täuschung konnte unbesorgt inszeniert werden, denn wie General von Waldersee dem Staatssekretär Jagow «streng vertraulich» in einem Brief vom 17. Juli versicherte, «im Generalstab [ist man] fertig, einstweilen ist von uns ja nichts zu veranlassen». Moltke plante seine Rückkehr nach Berlin für den 25. Juli, und bis dahin war Waldersee, wenn nötig, «zum Sprung bereit». Er befand sich seit dem 8. Juli im Urlaub in Ivenack.

Rückblickend kommentierte Sir Maurice de Bunsen, der britische Botschafter in Wien während der Julikrise, dass die Übergabe der österreichischen Note an Serbien nach einer «Periode absoluter Stille am Ball[haus]platz» stattfand. «Bis auf Herrn Tschirschky, der von dem Ton, wenn nicht sogar dem genauen Wortlaut der Note, gewusst haben muss, durfte keiner meiner Kollegen durch den Schleier schauen.»

Der russische Botschafter Nikolai Schebeko verließ sogar nichtsahnend am 20. Juli Wien für einen geplanten zweiwöchigen Urlaub. In allen europäischen Ländern war man, nach der anfänglichen Bestürzung über das Attentat und Sorge über die möglichen Folgen, im Juli wieder entspannter und in Urlaubsstimmung. General Ferdinand Foch war in der Bretagne, Sir Edward Grey fuhr zum Fischen, und General Alexei Brusilov verbrachte seinen Urlaub in Deutschland. Mit größter Geheimhaltung war es also tatsächlich gelungen, Europa hinters Licht zu führen und vor das gewünschte *fait accompli* zu stellen. Oder zumindest beinahe – denn ganz und gar ahnungslos war man außerhalb des Zweibundes doch nicht.

Berchtolds Furcht, dass es bei einem Telegramm zum «Durchsickern» kommen könne, erwies sich als nur allzu berechtigt. Tatsächlich waren dann auch außerhalb des Zweibundes einige Details der geplanten Aktion bekannt geworden. Dabei war unter anderem der deutsche Botschafter in Rom, Hans von Flotow, beteiligt, der indiskret Details über Wiens geplante Aktion Mitgliedern der italienischen Regierung gegenüber ausgeplaudert hatte. So konnte der italienische Außenminister Antonio di San Giuliano am 16. Juli an italienische Botschafter im Ausland telegraphieren, er habe von Flotow erfahren, «dass Österreich Serbien auffordern werde, ernste Maßnahmen gegen die Pan-Serbische Propaganda zu unternehmen und dass, sollte sich Serbien widersetzen, Österreich Gewalt benutzen wird». Zar Nikolaus II. vermerkte auf einem aus Wien eingegangenen Telegramm des russischen Botschafters, der die Vermutung äußerte, Wien beabsichtige, «gewisse Forderungen zu stellen»: «Meiner Meinung nach darf ein Staat einem anderen keinerlei Forderungen präsentieren, natürlich wenn er nicht zu einem Kriege entschlossen ist.»

Auch in London kursierten Gerüchte. So berichtete der britische Botschafter aus Wien, «dass man von der serbischen Regierung verlangen wird, gewisse entschiedene Maßnahmen zur Eindämmung nationalistischer und anarchistischer Propaganda zu ergreifen, und dass die österreichisch-ungarische Regierung nicht gesonnen ist, mit Serbien zu parlamentieren». Auf die Frage, ob Wien von Petersburg etwa erwartete, dass es protestlos zusehen werde, erwiderte der Informant des Botschafters, «er vermute, dass Russland Mörder seiner Rasse nicht schützen wolle; aber Österreich würde jedenfalls ohne Rücksicht auf die Folgen vorgehen. Es würde seine Stellung als Großmacht einbüßen, wenn es sich weiteren Nonsens von Serbien gefallen ließe.»

Aber auch dem französischen Militärgeheimdienst war es gelungen, Einzelheiten über die geplante Aktion in Erfahrung zu bringen – er beschrieb die Situation am 17. Juli als ebenso ernst wie die «von 1908–1909 und die von 1912–1913». Damit war er der Wahrheit erstaunlich präzise auf die Spur gekommen; leider leitete der Generalstab die Meldungen aber erst am 22. Juli an das französische Auswärtige Amt am Quay d'Orsay weiter: «Im Moment spielen [die Österreicher] auf Zeit. Als Erstes haben sie die Börse beruhigt. Danach wollen sie vermeiden, die Touristensaison zu stören, die Millionen in die Kurbäder in Böhmen, Tirol und die anderen Alpengegenden bringt. Dann müssen sie die Ernte einbringen, und während sie warten, versuchen sie, eine günstige internationale öffentliche Meinung zu schaffen.»

Nur in einem lag der Geheimdienst falsch: «Diese Zwischenzeit könnte vier Monate dauern, unter dem Vorwand, das Ende der Untersuchung abzuwarten.» Tatsächlich sollte es nur noch wenige Tage dauern, bis Europas Friedensliebe auf den Prüfstand gestellt wurde.

Wie unversöhnlich sich Wien dabei zeigen würde, wie harsch die an Serbien gestellten Forderungen sein würden und wie beharrlich Berlin an der Seite Wiens stehen würde, war außerhalb des Zweibundes allerdings nicht bekannt. In Rom wurde die italienische Regierung «mit specieller Rücksicht auf das Bundesverhältnis» am Nachmittag des 23. von der beabsichtigten Übergabe des Ultimatums unterrichtet, dessen Inhalt nur grob umrissen wurde. Alle anderen Regierungen würden erst nach der Übergabe des Ultimatums von den Details der österreichischen Bedingungen erfahren.

Trotz der in Wien so sorgfältig geplanten Übergabe des Ultimatums hatten die beiden Verbündeten Frankreich und Russland natürlich Gelegenheit, sich wenigstens für den Fall eines ernsten Schrittes von Seiten Österreich-Ungarns ihrer gegenseitigen Loyalität zu versichern. So notierte zum Beispiel Präsident Poincaré in seinem Tagebuch am 21. Juli, dass Nikolaus II. besonders dringlich über Österreich besorgt sei. «Er fragt sich, was es nach der Ermordung in Sarajewo zu tun gedenkt. Er wiederholt, dass ihm in den gegenwärtigen Umständen das komplette Einverständnis unserer beiden Regierungen wichtiger denn je sei.» Aus Rom berichtete der russische Botschafter am 22. Juli, also noch vor der Abreise Poincarés, dass man im italienischen Außenministerium davon überzeugt sei, «dass Österreich einen großen Schlag führen und Serbien vernichten will». Und bereits am 16. Juli hatte Schebeko vom britischen Botschafter erfahren, dass aus Wien Forderungen an Serbien gestellt werden würden, die nicht mit Serbiens Souveränität zu vereinbaren seien. Es scheint außer Frage, dass Poincaré sich des Ernstes der Lage bewusst war und die Gunst der Stunde nutzte, um mit dem Verbündeten abzusprechen, wie man sich im Falle einer internationalen Krise verhalten werde. Louis de Robien, Attaché an der französischen Botschaft in Petersburg, erinnerte sich: «Man merkte schon in

Unterhaltungen, dass sich die Atmosphäre seit dem Vortag geändert hatte [...] man sprach offen von einem Krieg, den ein
paar Tage zuvor niemand in Erwägung gezogen hatte.»

Tatsächlich hatte Bunsen recht mit seiner Vermutung, dass
Tschirschky von dem in Wien geplanten Ultimatum gewusst
haben müsse. Nicht nur wusste Tschirschky Bescheid, sondern
er berichtete darüber auch mehrmals streng geheim nach Berlin.
Dies wurde zwar von der deutschen Regierung während der
Krise – und auch nach Ausbruch des Krieges – aufs Schärfste
dementiert. Man habe nichts vom Ultimatum gewusst, argumentierte man vor allem auch in der Kriegsschulddebatte der
Nachkriegszeit, und den Text nicht vor der Übergabe gekannt.
Tatsächlich aber wusste Tschirschky genug über den Tenor der
geplanten Note, um Jagow in Berlin darüber bereits am 10. Juli
«ganz geheim!» berichten zu können. «Sollten die Serben alle
gestellten Forderungen annehmen», so hatte Berchtold dem
deutschen Botschafter mitgeteilt, «so wäre das eine Lösung, die
ihm ‹sehr unsympatisch› sei, und er sinne noch darüber nach,
welche Forderungen man stellen könne, die Serbien eine Annahme völlig unmöglich machen würden.» Der deutsche Militärbevollmächtigte Kageneck berichtete am 13. Juli an den in
Karlsbad kurenden Moltke, dass am nächsten Tag eine Besprechung des Ministerrates in Wien geplant sei, in der «das Datum
festgesetzt werden [soll,] zu welchem die Demarche mit 24stün-
diger Bedenkzeit in Belgrad erfolgen soll.» Wegen der geplanten
Reise des französischen Präsidenten «wird vielleicht der Termin
früher gewählt werden, um zu vermeiden, dass die Chefs der
beiden verbündeten Staaten gerade mündlich sich über die zu
ergreifenden Maßnahmen beraten können». Zwei Tage später
berichtete er, «die Note soll, wie ich heute erneut gehört habe,
so gehalten sein, dass eine Annahme ganz ausgeschlossen ist».

Berchtold erläuterte Tschirschky nach der Sitzung des Ministerrates am 14. Juli, dass «zu seiner großen Freude [...] allseitige
Übereinstimmung über den Tenor der an Serbien zu übergeben-
den Note erzielt worden war». Das geplante *fait accompli* und
die Absicht, ein unannehmbares Ultimatum zu einem für das
Ausland möglichst ungeeigneten Augenblick zu präsentieren,

waren also in Berlin alles andere als eine Überraschung. Der genaue Wortlaut des Ultimatums war der deutschen Regierung vielmehr am 22. Juli bekannt. An diesem Tag teilte die österreichische Regierung Tschirschky «streng vertraulich» den Inhalt mit, und sein Bericht wiederum, ein Exemplar des Ultimatums als Anlage, erreichte Berlin am Nachmittag des 22. Juli. Forchách hatte dem deutschen Botschafter sogar den Text anvertraut, obwohl «die kaiserliche Genehmigung noch ausstehe, für die allerdings kein Zweifel bestehe».

Man war in Berlin also sicher kein unschuldiges Opfer einer Wiener Intrige. Vielmehr hatte man aktiv und ermutigend (und sogar etwas ungeduldig) hinter dem Allianzpartner gestanden, während dieser die Feinheiten des Ultimatums und den besten Moment für die Übergabe plante. Schon am 8. Juli hatte Botschafter Tschirschky in Wien Berchtold aufgesucht, um ihm im Auftrag des deutschen Kaisers nochmals «mit allem Nachdruck zu erklären, dass man in Berlin eine Aktion der Monarchie gegen Serbien erwarte und dass in Deutschland nicht verstanden würde, wenn [...] die gegebene Gelegenheit vorübergehe [...] ohne einen Schlag zu führen».

Dem deutschen Botschafter in London setzte Jagow das deutsche Kalkül am 18. Juli auseinander. Österreich-Ungarn zähle «kaum mehr als vollwertige Großmacht», und eine Aktion gegen Serbien sei seine «letzte Möglichkeit politischer Rehabilitierung». Für Deutschland war ausschlaggebend, dass durch den Prestigeverlust der Doppelmonarchie «auch unsere Bündnisgruppe entschieden geschwächt worden» ist. Russland und Frankreich seien «noch nicht schlagfertig», und auch wenn Jagow keinen Präventivkrieg erzwingen wolle, würde Deutschland aber auch nicht «kneifen», wenn es dazu kommen sollte. Jagow brachte die deutsche Furcht auf den Punkt: «In einigen Jahren wird Rußland schlagfertig sein. Dann erdrückt es uns durch die Zahl seiner Soldaten, dann hat es seine Ostseeflotte und seine strategischen Bahnen gebaut. Unsere Truppe wird inzwischen immer schwächer.»

Weit davon entfernt, warnend oder zurückhaltend auf Wien einzuwirken, hatte Berlin ihm konstant den Rücken gestärkt. Die

Verzögerung des Ultimatums schien dabei den Deutschen nur Bestätigung dessen, was sie allgemein von ihrem Verbündeten hielten. So meinte Kageneck: «Man muss, was die milit[ärischen] Maßnahmen anbelangt, damit rechnen, dass die Sache klappt, was man sonst hierzulande nie feststehend annehmen kann. [...] Nur langsam wird alles verlaufen mit dem hier üblichen Schlendrian, über den man im täglichen Leben Bände schreiben könnte.»

So wurde in Wien viel Zeit damit verbracht, dem Ausland vorzutäuschen, dass hinter den Kulissen nichts geplant werde. In der diplomatischen Korrespondenz der Großmächte findet man dementsprechend Mutmaßungen und Rätselraten darüber, wie wohl die Reaktionen auf das Attentat in Wien aussehen würden. So berichtete der deutsche Botschafter aus Petersburg, Außenminister Sasonow sei «recht nervös wegen der Beziehungen zwischen Österreich-Ungarn und Serbien». «Er erzählte mir, dass er sehr alarmierende Berichte aus London, Paris und Rom erhalten habe, wo überall die Haltung Österreich-Ungarns wachsende Besorgnis einflöße.» Sasonow machte deutlich, dass Russland höchstwahrscheinlich ein allzu forsches Auftreten der Österreicher in Belgrad nicht hinnehmen werde: «Russland würde es nicht dulden können, dass Österreich-Ungarn Serbien gegenüber eine drohende Sprache führe oder militärische Maßnahmen treffe», versicherte er dem deutschen Botschafter Friedrich von Pourtalès; «auf jeden Fall dürfe von einem Ultimatum nicht die Rede sein». Wilhelm II. bemerkte hier am Rand des Berichtes, fast schadenfroh: «ist bereits da!»

Eines ist allerdings erstaunlich: dass man in Wien nicht mehr Zeit darauf verwendete, den Hintergrund des Attentats zu erforschen. Warum versuchten die Österreicher nicht verstärkt, Serbiens Schuld nachzuweisen? Die Spur führte einwandfrei nach Belgrad, und zahlreiche Studien aus der Nachkriegszeit konnten die Details des Komplotts herausarbeiten. Wir wissen heute, dass man der serbischen Regierung direkte Komplizenschaft hätte nachweisen können, was für die Reaktionen der anderen Regierungen auf das Ultimatum von Vorteil hätte sein können. Der Offizier Apis war in die Verschwörung verwickelt, die Waffen stammten aus dem serbischen Staatsarsenal, die

Attentäter hatten sich in Belgrad getroffen und dort die Tat geplant. Aber die Untersuchung, die von Friedrich von Wiesner damals sofort vor Ort eingeleitet wurde, hatte keine direkten Beweise für eine Komplizenschaft der serbischen Regierung erbringen können. Er berichtete am 13. Juli aus Sarajewo: «Mitwissenschaft serbischer Regierungsleiter an Attentat oder dessen Vorbereitung und Beistellung der Waffen durch nichts erwiesen oder auch nur zu vermuten. Es bestehen vielmehr Anhaltspunkte, dies als ausgeschlossen anzusehen.»

Weil man in Wien auch ohne Beweise von einem serbischen Komplott überzeugt war, unterließ man es – vielleicht aus Überheblichkeit? –, den genauen Beweis für eine serbische Schuld beizubringen. Es ist sicherlich eine Spekulation wert, ob die Österreicher nicht bessere Karten gehabt hätten, wenn sie ihre Forderung nach «Satisfaktion» mit Beweisen für Serbiens Schuld untermauert hätten. Der in Bosnien verübte Königsmord hatte allerorts Bestürzung ausgelöst, und niemand bezweifelte, dass Österreich ein Anrecht auf eine – noch nicht näher definierte – Genugtuung zustand. Aber ohne direkte Beweise konnten die anderen Großmächte anzweifeln, ob Serbien zu Recht zur Rechenschaft gezogen wurde, und dies musste die Handlung der Regierungen in Petersburg, Paris und London – und natürlich auch in Belgrad – entscheidend beeinflussen. Sasonow erklärte zum Beispiel dem deutschen Botschafter Pourtalès, dass das Attentat nicht «auf ein großserbisches Komplott zurückzuführen sei», und bestand darauf, dass es sich «nur um die Tat vereinzelter unreifer junger Leute handelte, deren Verbindung mit einem weitangelegten politischen Komplott keineswegs erwiesen sei». Wien hätte gut daran getan, das Gegenteil zu beweisen.

In Belgrad war Premierminister Pašić wohl bekannt, dass eine genauere Untersuchung für ihn unangenehme Details an den Tag bringen könnten. Und so war es auch nicht erstaunlich, dass – wie wir noch sehen werden – ausgerechnet der Punkt des Ultimatums, in dem Österreich forderte, an der serbischen Untersuchung zu den Hintergründen des Attentats beteiligt zu werden, von Belgrad abgelehnt wurde. Zu groß war die Furcht davor, was eine unter Punkt 6 des Ultimatums verlangte «gericht-

liche Untersuchung gegen jene Teilnehmer des Komplotts vom
28. Juni [...], die sich auf serbischem Territorium befinden», vielleicht offenlegen würde, denn in der serbischen Regierung hatte
man, wie wir gesehen haben, von dem geplanten Attentat gewusst.
Der in der Wiener Besprechung am 14. Juli auf den 25. geleg-
te Termin für die Übergabe des Ultimatums wurde noch einmal
verschoben – immer mit Hinblick auf das Programm des in
Petersburg stattfindenden Staatsbesuchs. Der zuletzt für den
23. Juli festgelegte Termin war so gewählt, dass er für die französische Delegation besonders ungelegen kam, als diese sich auf
der Heimfahrt und auf hoher See befand. So wusste der bayerische Geschäftsträger Schoen aus Berlin zu berichten, dass die
Übergabe der Note «schon heute gegen Abend erfolgen [soll],
und zwar tunlichst so spät, dass ihr Inhalt in Petersburg nicht
vor der heute abend um 11 Uhr stattfindenden Abreise des
Herrn Poincaré nach Stockholm bekannt werden kann». Der
Termin der Übergabe war noch am 22. Juli um eine Stunde auf
sechs Uhr Ortszeit verschoben worden, weil man von Berlin aus
gewarnt hatte, der französische Präsident werde Kronstadt erst
um elf Uhr verlassen. Wie Jagow an Tschirschky «Zur schleu-
nigen Verwendung» telegraphierte, wäre dies «nach mitteleuro-
päischer Zeit 9 ½ Uhr. Wenn Demarche in Belgrad morgen
nachmittag um 5 Uhr gemacht wird, würde sie also noch während Anwesenheit Poincarés in Petersburg bekannt werden.»
Am nächsten Tag telegraphierte Tschirschky zurück nach Berlin:
«K. u. k. Regierung dankt wärmstens für Information. Baron
Giesl ist angewiesen, Übergabe um eine Stunde zu verschieben.»
   In dieser Hinsicht kooperierten die Bündnispartner gut; aber
insgesamt herrschten Verwirrung und Ignoranz über die Absichten des jeweils anderen. So wusste man in Berlin zum Beispiel
nicht, was Wien letztendlich mit Serbien zu tun beabsichtigte –
einen erfolgreichen Krieg einmal vorausgesetzt. Wollte man
serbisches Gebiet annektieren? Hoyos deutete diese Möglichkeit während seines Besuches in Berlin an, aber in Wien hatte
man dies zunächst, vor allem in Hinblick auf Tiszas Einwände,
abgelehnt. Am 17. Juli, also nachdem man in Berlin eindeutig
zu verstehen gegeben hatte, man werde auf Österreichs Seite

kämpfen, erläuterte Jagow dem deutschen Botschafter in Wien, dass es «für die diplomatische Behandlung des Konflikts mit Serbien [...] von dessen Beginn an nicht unwichtig zu wissen [wäre], welches die Ideen der österreichisch-ungarischen Staatsmänner über die künftige Gestaltung Serbiens sind». Dies, so Jagow, wäre «von wesentlichem Einfluss auf die Haltung Italiens und auf die öffentliche Meinung und Haltung Englands». Und am gleichen Tag diskutierte Stolberg in Wien die italienische Frage mit Berchtold und Hoyos. Er riet, die Österreicher sollten bei Kriegsausbruch «in Rom erklären, dass sie gar keinen Territorialerwerb beabsichtigen, dass sie aber, falls die Ereignisse einen solchen nötig machen sollten, Italien in der weitgehendsten Weise entschädigen würden».

In der Italien-Frage waren die beiden Verbündeten unterschiedlicher Auffassung. Deutschland war gerne bereit, den Versuch zu unternehmen, Italien mit Kompensationsversprechen dazu zu überreden, auf Seiten des Dreibunds in den Krieg einzutreten. Das war allerdings auch leicht gesagt, denn die Gebiete, um die es dabei ging, gehörten zu Österreich-Ungarn, nicht zum Deutschen Reich. In Wien war man dementsprechend gegen Kompensationen und der Meinung, man werde auch gut ohne Italien auskommen. Und man schloss keineswegs aus, auf Kosten Serbiens möglicherweise doch Gebietseroberungen zu erreichen, denn wie Conrad nach der Ministerratssitzung vom 19. Juli bemerkte: «Wir werden ja sehen; vor dem Balkankrieg haben die Mächte auch vom status quo gesprochen – nach dem Krieg hat sich niemand mehr darum gekümmert.»

Basierend auf dem überlieferten Quellenmaterial, besteht demnach kein Zweifel daran, dass die Entscheidungsträger in Wien und Berlin es darauf anlegten, einen Krieg mit Serbien zu provozieren. Deshalb wollten sie diesen Anlass bzw. die Gunst der Stunde nutzen (denn ein Königsmord musste allerorts Abscheu erregen), und deshalb war der Überraschungseffekt so wichtig. Am 14. Juli beschloss man im Ministerrat, ein inakzeptables Ultimatum zu übergeben, zu einem für die Entente-Mächte unpassenden Zeitpunkt und mit nur 48 Stunden Zeit für die erhoffte negative Antwort. «Der heute festgesetzte Inhalt der nach

Belgrad zu richtenden Note ist ein solcher, dass mit der Wahrscheinlichkeit einer kriegerischen Auseinandersetzung gerechnet werden muss», informierte Berchtold Kaiser Franz Joseph in Bad Ischl.

Dabei nahm man in Wien das Risiko eines europäischen Krieges willentlich in Kauf, wusste man doch, dass Russland sich kaum aus einem Krieg zwischen der Donaumonarchie und Serbien heraushalten würde. Und war Russland erst beteiligt, so war ein größerer europäischer Krieg absehbar, denn Frankreich würde zweifellos seinem Verbündeten Russland zu Hilfe kommen. Frankreichs Teilnahme an einem Krieg war noch aus anderem Grund so gut wie unvermeidlich, denn Deutschlands Aufmarschplan für einen Zweifrontenkrieg beinhaltete den deutschen Einfall in Belgien mit Ziel Frankreich für die allerersten Kriegstage. Ohne eine diplomatische Lösung des Streites zwischen Österreich-Ungarn und Serbien war demzufolge ein Krieg zwischen den Großmächten mehr oder weniger vorprogrammiert. Unklar war lediglich, ob Italien sich auf der Seite der Allianz einfinden würde und – wichtiger noch – ob sich Großbritannien zur Neutralität oder für die Entente entscheiden würde.

Die Frage, wie man sich in London entscheiden würde, war sogar in der Julikrise eine ausschlaggebende, nachdem in Wien und Berlin erst einmal die Entscheidung gefallen war, es auf einen großen Krieg gegen Russland ankommen zu lassen. Eine britische Neutralität bot Deutschland die Chance, einen erfolgreichen Krieg gegen Russland und Frankreich zu führen, während Österreich-Ungarn gleichzeitig mit Serbien abrechnete und die Möglichkeit bestand, dass Italien sich für den Dreibund entschied. Sollte sich aber Großbritannien für einen Kriegseintritt auf Seiten der Entente entscheiden, so waren die Chancen für einen Sieg viel geringer; Frankreich würde moralisch und militärisch unterstützt und der schnelle Sieg im Westen erschwert, und Italiens lange Küste würde von der britischen Flotte bedroht, so dass es sich höchstwahrscheinlich gegen einen Kriegseintritt auf Seiten des Dreibunds entscheiden würde. Und so hoffte man in Berlin in der Julikrise, zum Teil gegen besseres Wissen, auf die britische Neutralität.

Erst am 23. Juli, dem Tag der Übergabe des Ultimatums, wurde die Julikrise wirklich international – bis dahin waren die Entscheidungen, die das Leben von Millionen prägen würden, allein in Wien und Berlin gefällt worden. Im restlichen Europa war die Ermordung in Sarajewo nach dem anfänglichen Schock schon fast wieder vergessen. Wichtig ist demnach die Frage, inwieweit Wien ohne die Unterstützung Berlins einen derart gravierenden Schritt unternommen hätte und als wie ausschlaggebend die Ermutigung aus Berlin einzuschätzen ist. Ein warnendes oder zur Vorsicht mahnendes Wort hätte die Kriegstreiber in Wien zweifellos zurückhalten können – ein schlichtes «Nein» aus Berlin hätte die Eskalation der Krise vielleicht sogar vermeiden können. Doch es hätte auch den Zweibund erschüttert. So aber war man in Wien zum Krieg entschlossen, und in Berlin hoffte man darauf, dass die Entschlossenheit beim Verbündeten anhalten würde. Dabei schwankte man zwischen übertriebener Siegeszuversicht und fast verzweifelt anmutendem Fatalismus. Natürlich kann man nur spekulieren, was man in Wien getan hätte, wenn die Reaktion in Berlin vorsichtiger gewesen wäre, aber es ist doch wahrscheinlich, dass die Julikrise in diesem Falle anders verlaufen wäre.

Tatsächlich nahm sie den uns wohlbekannten Verlauf: Von Berlin unterstützt und sogar noch ermutigt, schnell und entschieden zu handeln, entschloss sich die Donaumonarchie, einen Krieg gegen Serbien regelrecht zu erzwingen. Beide Bündnispartner versprachen sich von einem Krieg zu diesem Zeitpunkt die Möglichkeit, den vermeintlichen Verfall der Doppelmonarchie durch serbische Unterminierung aufzuhalten, aber auch die Chance eines Sieges gegen die Entente, bevor die militärische Aufrüstung Russlands komplett war. «Jetzt oder nie», so urteilten Helmuth von Moltke in Berlin und Franz Conrad von Hötzendorf in Wien, gab es noch die Möglichkeit des Sieges. Letzterer allein hatte im Jahr 1913 zu fünfundzwanzig verschiedenen Gelegenheiten einen Krieg gegen Serbien verlangt – um Österreichs Stellung in Europa zu bewahren, aber auch, so vermutet man, um damit seine Geliebte Gina von Reinigenhaus zu beeindrucken. Im Juli 1914 sah er endlich seine Chance, diesen lang ersehnten

Krieg zu führen. Wie ein Generalstabsoffizier in Wien dem deutschen Militärbevollmächtigten sogar noch vor dem entscheidenden Ministerrat am 7. Juli mit «triumphierendem Lächeln»
versicherte: «Diesmal ist der Krieg gewiss.» Nachdem in Wien
die Entscheidung für das unannehmbare Ultimatum gefallen
war, war auch der anfangs zögerliche Tisza überzeugt, «dass
die Monarchie zu einem energischen Entschlusse kommen müsse, um ihre Lebenskraft zu beweisen und den unhaltbaren Zu-
ständen im Südosten ein Ende zu machen».

Als Erstes galt es aber nun abzuwarten, wie Belgrad und seine
potentiellen Verbündeten reagieren würden. Immerhin gab es
die bange Sorge, dass Serbien das Ultimatum doch würde annehmen und die Krise in einem diplomatischen Erfolg würde
enden können – der langfristig der Doppelmonarchie kaum nüt-
zen und Berlin die günstige Gelegenheit für einen Präventivkrieg
rauben würde. Außerdem musste man sehen, ob Serbiens
Freunde dem Land zu Hilfe eilen würden. Sollte dies nicht der
Fall sein, so war mit einem lokalisierten Krieg auf dem Balkan
zu rechnen (Conrads lang ersehnter Krieg!), und das mit Aussicht auf Erfolg. Sollte Serbien aber nicht alleine stehen, sondern von Russland aktiv unterstützt werden, dann war man bereit für den «großen Kladderadatsch».

4. Das Ultimatum aus Wien

«Am 23. Juli 6 Uhr nachmittags», so erinnerte sich Wladimir
von Giesl nach dem Krieg, «hatte ich die befristete Note dem
stellvertretenden Ministerpräsidenten Paču übergeben. [...] Am
nächsten Tag war der Bienenschwarm in voller Bewegung, der
Ministerrat tagte in Permanenz.» Die anderen Regierungen (mit
Ausnahme von Deutschland) wurden erst am Vormittag des
nächsten Tages offiziell über die österreichische Note informiert. Serbien wurde darin unter anderem dazu aufgefordert,
die Annexion Bosniens anzuerkennen und seine feindliche Hal-

4. Das Ultimatum aus Wien

tung gegenüber Österreich-Ungarn aufzugeben; die Regierung sollte eine offizielle Erklärung abgeben, dass sie Anti-Habsburg-Propaganda verurteile, und sollte die *Narodna Odbrana* und andere Vereine auflösen, die gegen Österreich-Ungarn agitierten. Außerdem, und dies war besonders kontrovers, sollten Organe der k. u. k. Regierung bei der Unterdrückung dieser gegen das Habsburgerreich gerichteten subversiven Bewegung mitwirken. Auch sollten diese Organe an der gerichtlichen Untersuchung teilnehmen, die man der serbischen Regierung anbefahl. Das österreichisch-ungarische Ultimatum an Serbien war, so berichtete der deutsche Botschafter aus London, für den britischen Staatssekretär des Äußeren, Sir Edward Grey, «eines der ungeheuerlichsten *(formidable)* Dokumente von einem Staat an einen anderen, unabhängigen Staat». Dem deutschen Botschafter erklärte er, dass die Note «alles übertreffe, was er bisher in dieser Art jemals gesehen hat». Sergeij Sasonow, der russische Außenminister, rief erschreckt, das Ultimtum bedeute «den europäischen Krieg!». Erst mit der Übergabe der österreichisch-ungarischen Note an Serbien am 23. Juli wurde den Regierungen der Großmächte, und natürlich auch derjenigen Serbiens, bewusst, dass Österreich-Ungarn Satisfaktion fordern und ganz offenbar einen Krieg provozieren wollte. Jetzt erst nahm die Julikrise wirklich internationale Ausmaße an.

Wie wir gesehen haben, war das Ultimatum an Serbien absichtlich so aufgesetzt worden, dass es nicht angenommen werden konnte. Die Ablehnung der serbischen Antwort – es sei denn, diese laute auf bedingungslose Einwilligung in alle Konditionen – war demnach schon beschlossene Sache, bevor die überraschte serbische Regierung überhaupt Zeit fand, sich zu beraten. Nikola Pašić war nicht in Belgrad, als Baron Giesl das Ultimatum an Finanzminister Lazar Pačů übergab, der den Ministerpräsidenten während seiner Wahlkampfreise vertrat. Pačů weigerte sich zunächst, so erinnerte sich Giesl nach dem Krieg, den nichts Gutes verheißenden Umschlag überhaupt entgegenzunehmen. Der österreichische Gesandte meinte daraufhin ungerührt, er werde die Note auf den Tisch legen, und «Pačů könne damit machen, was er wolle».

Als Pašu erklärte, es werde aufgrund der Abwesenheit einiger Minister zwecks Wahlkampfreisen nicht möglich sein, einen kompletten Ministerrat zusammenzurufen, entgegnete Giesl ihm, «dass die Rückkehr der Minister im Zeitalter der Eisenbahnen, des Telegrafen und Telefons bei der Größe des Landes nur die Affäre einiger Stunden sein könne und dass ich vormittags bereits eventuelle Verständigung Herrn Pašić als nützlich angeregt hatte. Im Übrigen sei dies eine interne Angelegenheit der serbischen Regierung, die ich weiter nicht zu beurteilen hätte.»

Nach der Lektüre des Dokumentes herrschte im hastig zusammengerufenen Ministerrat, in Pašićs Abwesenheit unter dem Vorsitz von Prinz-Regent Alexander, zunächst eine «tödliche Stille». Als Erster fand Innenminister Ljuba Jordanović Worte, nachdem er den langen Raum mehrmals nervös auf- und abgeschritten war: «Wir haben keine andere Wahl, als es auszukämpfen.» Eine Entscheidung wurde aber noch nicht getroffen; man wartete noch auf Pašićs Rückkehr. Pašu leitete den Inhalt der Note umgehend an den russischen Geschäftsträger Strandtmann weiter, mit der Bitte «um den Schutz Russlands», da man in Belgrad der Auffassung war, «dass keine serbische Regierung auf die gestellten Forderungen eingehen kann».

Der in heller Aufregung befindliche Pašu versuchte verzweifelt, Pašić zur Rückkehr nach Belgrad zu bewegen; dieser schien aber zunächst die Konfrontation mit Wien vermeiden zu wollen. Schon vor der Übergabe der Note, die Giesl am Vormittag für sechs Uhr angekündigt hatte, hatte Pašu den Premierminister aufgefordert, nach Belgrad zurückzukehren. Dieser aber schlug seinem Reisegefährten, dem Politischen Direktor des Auswärtigen Amtes Sajinović, stattdessen vor, ein paar Tage gemeinsam in Salonika auszuspannen, und ließ Pašu mitteilen, «wenn ich wieder [in Belgrad] bin, werden wir antworten». Erst als Pašić auf dem Weg nach Salonika ein Telegramm des Prinz-Regenten erreichte, konnte der Premierminister überzeugt werden, die Rückreise nach Belgrad anzutreten. Als er dort am 24. Juni in den frühen Morgenstunden um 5 Uhr eintraf, war ein Viertel der von Wien gesetzten Frist bereits verstrichen.

Pašu unterrichtete sofort nach Lektüre der Note die serbischen Gesandtschaften von den Bedingungen, die «keine serbische Regierung im Ganzen akzeptieren könne». Dasselbe teilte er auch dem russischen Geschäftsträger Strandtmann mit. Ebenso urteilte der Prinz-Regent Alexander in einer Besprechung mit Strandtmann. Schon jetzt bat Serbien um Russlands Unterstützung; dessen «kraftvolles Wort allein könnte Serbien retten». Ein frommer Wunsch und leider eine Fehleinschätzung, denn in Wien und Berlin war ja von Anfang Juli an die Tatsache, dass ein Krieg zwischen Österreich-Ungarn und Serbien auch Russland miteinbeziehen konnte, miteinkalkuliert und in Kauf genommen worden. «Russlands Haltung werde jedenfalls feindselig sein, doch sei er hierauf schon seit Jahren vorbereitet», hatte Wilhelm II. dem österreichischen Botschafter am 5. Juli erklärt, «und sollte es sogar zu einem Krieg zwischen Oesterreich-Ungarn und Russland kommen, so könnten wir [die Österreicher] davon überzeugt sein, dass Deutschland in gewohnter Bundestreue an unserer Seite stehen werde». Die Hoffnung auf serbischer und die Furcht auf österreichischer Seite, Russland könne sich in die Streitigkeiten mit Serbien einmischen und so einen lokalisierten Krieg unmöglich machen, war durch den Blankoscheck aus Berlin zunichtegemacht.

Pašić beschloss zunächst, die Bedingungen weder abzulehnen noch anzunehmen. «Man müsse um jeden Preis Zeit gewinnen», erklärte er Strandtmann. Für eine Verlängerung der Frist suchte er um Hilfe in London und Petersburg nach. Sollte sich dies als vergeblich erweisen, so berichtete Strandtmann nach Petersburg, «wenn der Krieg unvermeidlich ist – werden [die Serben] kämpfen». Aus Russland traf zunächst am 24. Juli der Rat in Belgrad ein, die Antwort an Wien so gemäßigt wie möglich zu formulieren. Man wollte, wenn irgend möglich, die Krise doch noch entschärfen und befürwortete auch hier eine Fristverlängerung.

Gegen Österreich-Ungarn zu kämpfen, wenn es unvermeidlich sei – das war allerdings leichter gesagt als getan und der Entschluss zunächst nur eine erste, eher unbedachte Reaktion auf serbischer Seite. Tatsächlich war die serbische Armee in einem maroden Zustand. Durch die Balkankriege geschwächt und, laut

Oberst Pavlović, dem stellvertretenden Generalstabschef in Belgrad, «weißgeblutet», mangelte es der Armee an Waffen, Uniformen und jeglicher Ausrüstung. Noch Anfang Juni hatte Alexander den griechischen Militärbevollmächtigten enttäuschen müssen, als die Griechen Serbien um Hilfe gegen die Türkei baten. «Serbien ist völlig unfähig, uns zu helfen», berichtete der Militärbevollmächtigte nach Athen. «Den Serben fehlt alles. Sie haben keine Munition, keine Artillerie, keine Gewehre. Sie haben gar nichts, und selbst wenn sie mobilisierten, es würde niemand dem Fahnenruf folgen.»

Man war also auf russischen Beistand angewiesen. Allerdings zeigte die Erfahrung, dass auf Russland nicht immer unbedingt Verlass war, und so gab es durchaus auch Stimmen in Belgrad, die eine Annahme der Bedingungen befürworteten, um einen Krieg unter allen Umständen zu vermeiden. Schließlich hatten die Russen den Serben in der letzten Krise mit Österreich-Ungarn – vor noch gar nicht langer Zeit – den Rücken nicht gestärkt, als Wien den Serben im Oktober 1913 ein Ultimatum wegen Albanien gestellt hatte, und ein ähnlicher Ausgang war auch diesmal nicht ganz auszuschließen. Wie Serbien sich also schon 1908 mit der Annexion Bosniens und 1913 mit Österreich-Ungarns Drohungen hatte abfinden müssen, weil russische Unterstützung ausblieb, so blieb dem Land nach dieser Auffassung auch jetzt nichts anderes übrig, als klein beizugeben und die Bedingungen des Ultimatums zu akzeptieren. Die Armee war nicht gerüstet, die Doppelmonarchie zu bekämpfen, und auch in Serbien war Erntezeit, und die Bauern waren deshalb nur schwer für einen Krieg zu gewinnen.

Belgrad überließ die Entscheidung letztendlich Russland. Wie Prinz-Regent Alexander dem Zaren telegraphierte, war man in Serbien bereit, nicht nur die Bedingungen anzunehmen, die «mit dem Status eines unabhängigen Staates kompatibel» waren, sondern auch diejenigen, «deren Annahme von Eurer Majestät geraten werden». Hätte also Petersburg den Rat gegeben, das Ultimatum im Ganzen zu akzeptieren, so wäre die Regierung in Belgrad diesem Rat gefolgt, denn auf sich allein gestellt, konnte Serbien im Sommer 1914 gegen Österreich-Ungarn unmöglich einen Krieg führen, geschweige denn gewinnen. In diesem Sinne nahmen sowohl Deutschland als auch Russland in der Julikrise Schlüsselrollen ein. Ein warnendes Wort oder eine klare Aussage, dass man seinen Verbündeten im Kriegsfall nicht unterstützen werde, hätte den Verlauf der Krise vielleicht noch geändert.

Zwar kam aus Petersburg der Ratschlag, die Punkte zu akzeptieren, die mit der Souveränität Serbiens vereinbar seien. Ansonsten aber solle Serbien, wenn es wirklich nicht in der Lage sei, sich mit Waffen gegen Österreich-Ungarn zur Wehr zu setzen, der Doppelmonarchie erlauben, das Land zu besetzen, ohne militärischen Widerstand zu leisten, und sich dann zur Vermittlung an alle übrigen Großmächte, also Russland, Großbritannien, Frankreich und Italien, wenden. Kein Staat könne diese Bedingungen akzeptieren, ohne «Selbstmord zu begehen», hatte Sasonow dem serbischen Gesandten Spalaijcović in einer Unterhaltung am Nachmittag des 24. Juli mitgeteilt, nachdem der Ministerrat in Petersburg um 15 Uhr getagt hatte. Dieser Ratschlag war fatal, denn er lief darauf hinaus, Serbien zu ermutigen, nicht alle österreichischen Bedingungen anzunehmen und es auf einen Krieg ankommen zu lassen. Zwar kam aus Russland kein Blankoscheck, vergleichbar der Garantie, die Wien am 5. Juli aus Berlin erhalten hatte, aber Russland hatte Serbien mitgeteilt, es könne seinem Schicksal gegenüber nicht «unbeteiligt» sein. Dies war gleichbedeutend mit der Zusicherung, es werde Serbien im Kriegsfall unterstützen.

Bis dahin hatte man in Belgrad in Erwägung ziehen müssen, das Ultimatum im Ganzen anzunehmen – Russlands Ermutigung, nicht alle Bedingungen zu akzeptieren, hatte der serbischen Regierung nun zumindest den Rücken gestärkt, nur einen Teil der Bedingungen anzunehmen. Dies ist zumindest die Schlussfolgerung, zu der Luigi Albertini in seiner detaillierten Studie zur Julikrise kommt: Ohne diese Versicherung hätte Serbien das gesamte Ultimatum angenommen, «mit einem Vorbehalt in Punkt 6, der so geschickt formuliert gewesen wäre, dass es für Österreich sehr schwierig gewesen wäre, ihn als Ablehnung zu deuten».

Man kann dem sicherlich zustimmen, sollte aber dabei nicht

aus den Augen verlieren, dass in Wien jede Antwort, die nicht
das Ultimatum im Ganzen akzeptierte, als unbefriedigend angesehen worden wäre; ob also das Resultat wirklich ein anderes
gewesen wäre, muss dahingestellt bleiben. So aber beschloss
man, eine vorsichtig und geschickt formulierte Antwort aufzusetzen, in der die meisten, aber eben nicht alle Punkte bedingungslos akzeptiert wurden. In den Stunden vor Ablauf der Frist arbeiteten bis zu fünf Regierungsmitglieder fiebrig an Korrekturen
der Antwortnote, um 16 Uhr war der Text fast komplett. Selbst
die endgültige Version, die Pašić um 17.45 Uhr in einem Umschlag gegeben wurde, enthielt noch hastig hinzugefügte hand-
schriftliche Korrekturen und Ausstreichungen. Während Pašić
die Antwortnote an Giesl überreichte, machte sich der Rest der
Regierung auf den Weg zum Bahnhof, von wo aus man um kurz
nach 18 Uhr den Zug nach Niš besteigen würde. Die Regierung
verließ die Hauptstadt, der Mobilisierungsbefehl an die serbische
Armee war um 15 Uhr nachmittags erfolgt; ein Krieg schien un-
mittelbar bevorzustehen. Wie würde Österreich-Ungarn reagieren?

In London, Petersburg und Paris begriff man nach dem Be-
kanntwerden des Ultimatums schnell, dass ein Krieg zwischen
Österreich-Ungarn und Serbien drohte. «Ich glaube, Europa
steht in diesem Augenblick so nahe an einem allgemeinen Krieg
wie seit vielen Jahren nicht mehr», sorgte sich König George V.
am Abend des 25. Juli. In Petersburg zeigte Sasonow sich in einer
erhitzten Unterhaltung mit dem österreichisch-ungarischen Botschafter Szápáry eher niedergeschlagen als erregt. «Sie setzen
Europa in Brand. Sie übernehmen eine schwere Verantwortung. [...] Man wird das als eine ungerechtfertigte Aggression
betrachten», versicherte er dem Botschafter. In der eineinhalb
Stunden dauernden Besprechung beschuldigte er Szápáry: «Sie
wollen den Krieg und haben die Brücken hinter sich abgebro-
chen.» Von Petersburg aus versuchte man, Wien zu einer Verlängerung der Frist zu bewegen. Wie Sasonow den russischen
Missionen am 24. Juli mitteilte, war es wegen Österreich-Ungarns Entscheidung, den Mächten den Text erst zwölf Stunden
nach Übergabe des Ultimatums zukommen zu lassen, «unmög-

lich, in der kurzen Frist, die verbleibt, irgendetwas Nützliches zur Beilegung der entstandenen Komplikationen zu unternehmen».

Auch von Belgrad aus wollte man eine Fristverlängerung erreichen. So wandte sich der serbische Prinz-Regent mit einem Telegramm an den italienischen König, in der Hoffnung, dass dieser «auf Wien zwecks Verlängerung der im Ultimatum festgesetzten Frist und Milderung der gestellten Forderungen» einwirken möge. Diese Versuche waren natürlich von vornherein zum Scheitern verurteilt, denn die kurze Frist war ja kein Zufall, sondern österreichisch-ungarisches Kalkül, um Belgrad keine Zeit für Konsultationen mit den anderen Mächten zu lassen. Es verwundert deshalb auch nicht, dass Wien jegliche Fristverlängerung ablehnte.

Die diplomatischen Dokumente aus diesen Tagen beweisen eindeutig, dass vor allem in London ernsthaft versucht wurde, die Krise durch Verhandlungen zu entschärfen und eine friedliche Lösung des Konfliktes zu erreichen. Sir Edward Grey «äußerte sich sehr perplex und beunruhigt», wusste der österreichische Botschafter in London zu berichten. In dessen Unterhaltung mit dem deutschen Botschafter Lichnowsky, so schrieb Österreich-Ungarns Botschafter Mensdorff am 24. Juli abends aus London, erklärte Grey, «es sei noch nie in so einem Tone zu einem unabhängigen Staate gesprochen worden». Für den Fall, dass es zu einem Konflikt zwischen Österreich-Ungarn und Russland kommen würde, schlug er dem deutschen Botschafter «eine Vermittlung à quatre (England, Deutschland, Frankreich, Italien)» vor. Wilhelm II. empfand diesen Vorschlag als «überflüssig!» und merkte an: «in Ehren – und *vitalen* Fragen konsultiert man Andere nicht.»

Ein besorgter Lichnowsky riet aus London, den «Vorschlag Sir E. Greys betreffend Fristverlängerung nicht abzuweisen, da uns sonst Vorwurf hier treffen wird, nicht alles zur Erhaltung [des] Friedens unversucht gelassen zu haben». Nur wenige Stunden später folgte sein Rat, auf Greys Vorschlag «der Vermittlung zu vieren» einzugehen, denn es sei «die einzige Möglichkeit, einen Weltkrieg zu vermeiden, bei dem für uns alles auf dem Spiele steht und nichts zu gewinnen ist». Er riet «noch einmal dringend dazu, den englischen Vorschlag anzunehmen».

In London war man sich der Schlüsselrolle bewusst, die
Berlin in der Krise spielte. «Der entscheidende Punkt ist, ob
Deutschland absolut entschlossen ist, diesen Krieg jetzt zu
führen oder nicht», konstatierte Sir Eye Crowe, der Deutschlandexperte im *Foreign Office*, am 24. Juli. Für Grey bestand
«die einzige Friedensmöglichkeit» in einer Mediation der vier
unbeteiligten Mächte. «Doch die Mitwirkung Deutschlands
wäre unerlässlich. Weder Russland noch Österreich würden
eine diplomatische Intervention oder Vermittlung dulden, wenn
sie nicht offensichtlich unparteiisch wäre und Freunde und Verbündete beider Seiten einschlösse.» Aber genau das war das
Problem. In Wien und Berlin war eine Deeskalation der Krise
nicht das gewünschte Resultat – für Wien sollte dies vielmehr
endlich die lang ersehnte Gelegenheit sein, ein für alle Mal mit
dem serbischen Störenfried abzurechnen und dabei gleichzeitig
der Welt und dem deutschen Verbündeten zu beweisen, dass
Österreich-Ungarn noch immer eine Großmacht war, die sich
gegen Serbiens Provokationen am Balkan zur Wehr zu setzen
vermochte. In Berlin wiederum wartete man mit Gelassenheit
ab, ob Russland bereit war, gegen den Dreibund zu kämpfen.
Wenn ja, so war man jetzt noch stark genug – so glaubte man –,
um aus einem solchen Kampf siegreich hervorzugehen. Generalstabschef Moltke äußerte sich zuversichtlich. Wie der bayerische
Militärbevollmächtigte Wenninger berichtete, setzte Moltke
«seinen ganzen Einfluss darein, dass die selten günstige Lage
zum Losschlagen ausgenützt werden solle».

Deutschland ermutigte seinen Verbündeten folglich nicht, auf
den Vorschlag der Mediation der Großmächte einzugehen. Man
informierte ihn zwar von den aus London kommenden Anregungen, mahnte aber im selben Zug, man erwarte von Wien, dass es
diese Friedensfühler zurückweise, und riet «dringendst sofort
vorzugehen und die Welt von ein *fait accompli* zu stellen», wie
Szögyény aus Berlin wissen ließ. Er fügte noch hinzu, er «teile
diese Ansicht des Auswärtigen Amtes vollkommen». Unter diesen Voraussetzungen war eine diplomatische Lösung des Konfliktes unwahrscheinlich. In Wien wurde ein diplomatischer Erfolg
als «odiös» angesehen, und von Berlin aus wurde man in den

nächsten Tagen wiederholt ermutigt, sich auf keine Verhandlungen einzulassen. Jagow instruierte Tschirschky, dass es nach außen Deutschlands Standpunkt sein müsse, «dass Auseinandersetzungen mit Serbien interne österreichisch-ungarische Angelegenheit seien, in die uns ebenso wenig wie anderen eine Einmischung zustände». Die Zeichen aus Petersburg waren unübersehbar: Sasonow erklärte dem deutschen Botschafter Pourtalès «auf das Bestimmteste, Russland könne unmöglich zulassen, dass die österreichisch-serbische Differenz zwischen beiden Beteiligten allein ausgetragen werde». Alle Zeichen wiesen also darauf hin, dass aus einem lokalen Krieg schnell ein europäischer würde, wenn man eine Vermittlung der anderen Großmächte ausschloss.

Was wollte man nun in Österreich-Ungarn als Nächstes tun? Dies war endlich die Gelegenheit, auf die man schon so lange gewartet hatte. Aus Budapest berichtete der deutsche Generalkonsul Fürstenberg, man atme im ganzen Land erleichtert auf und hoffe sehnsüchtig, «dass es nach all den Enttäuschungen der letzten Jahre, die fast ausnahmslos eine Demütigung der Monarchie zur Folge hatten, nun endlich zu einer Abrechnung mit Serbien kommen werde». Aus Berlin kam die Ermahnung, den Ausbruch des Krieges nicht zu lange herauszuzögern. Auf die «eventuelle abweisende Antwort» aus Belgrad erwartete man in Berlin, «sofort unsere Kriegserklärung, verbunden mit kriegerischen Operationen», schrieb Szögyény am 25. Juli aus Berlin. In Wien allerdings war das Vorgehen nach Giesls Abreise aus Belgrad weniger entschlossen. Berchtold und Franz Joseph reagierten besorgt auf die Nachricht, dass Giesl in Belgrad – wie instruiert – alle diplomatischen Beziehungen beendet hatte, und erklärten, dass das «Abbrechen der Beziehungen» noch nicht unbedingt Krieg bedeute. «Wir sind noch nicht im Krieg, und wenn ich es kann, werde ich es verhindern», versicherte Außenminister Berchtold dem besorgten Giesl, der am 26. Juli in Wien eintraf. Tisza allerdings befürwortete eine sofortige Mobilisierung, wenn die Antwort aus Belgrad nicht zufriedenstellend ausfalle. «Das geringste Zaudern oder Schwanken würde die Einschätzung der Energie und der Actionsfähigkeit der Monarchie schwer beeinträchtigen [...] und mit geradezu verhängnisvollen Folgen verbunden sein», warnte er.

Der Druck aus Berlin ermutigte die Österreicher dann allerdings zu einem energischeren Vorgehen gegen Serbien. Dass man in Berlin über die Verzögerungen in Wien enttäuscht war, wurde den Österreichern auch gewiss. Am 27. Juli wurde Staatssekretär Jagow im Auswärtigen Amt von Tschirschky darüber unterrichtet, dass die österreichische Mobilisierung erst am 12. August «perfekt werden könne». Jagow erklärte dem österreichischen Botschafter, «er bedaure, dass der Termin des Beginnes unseres militärischen Eingreifens so lange hinausgeschoben werden müsse». Nur wenige Stunden zuvor hatte er allerdings noch dem französischen Botschafter erklärt, dass die in London angeregte Mediation nur Aussicht auf Erfolg haben könne, «wenn sich die Ereignisse nicht überstürzten».

Damit erfüllten sich die Befürchtungen in Berlin, dass Österreich-Ungarn sich zu keiner raschen Entscheidung und keiner schnellen Mobilmachung würde durchringen können. So hatte Kageneck schon vor dem Ultimatum gewarnt, dass die militärischen Maßnahmen langsam «mit dem hier üblichen Schlendrian» verlaufen würden. Man ahnte aber in Deutschland nicht, dass es mehr als zwei Wochen dauern sollte, bis Österreich-Ungarn glaubte, die Mobilmachung gegen Serbien vollenden zu können. Diese Verzögerung drohte nicht nur, den anderen Mächten Zeit zur Entschärfung der Krise zu geben, sondern verschaffte ihnen auch eventuell einen zeitlichen Vorsprung, der für die deutschen militärischen Pläne ernste Konsequenzen haben könnte.

In Berlin hatte man seit der Hoyos-Mission ohne den unberechenbaren Kaiser operieren können, der bisher auf seiner Nordseereise und somit aus dem Verkehr gezogen war. Aber in Anbetracht der neuesten Entwicklungen am 25. Juli drohte Wilhelm II. mit der verfrühten Rückkehr der Flotte nach Kiel, eine Entscheidung, die der besorgte Kanzler mit einem eiligst an den Kaiser geschickten Telegramm zu verhindern suchte. Wie er schon am 22. Juli dem Staatssekretär erklärt hatte, hielt er «eine vorzeitige Rückberufung unserer Flotte für einen schweren Fehler». Er bat darum, dies dem Kaiser, wenn nötig in seinem Namen, zu erklären. «Jedenfalls darf vor dem 27., dem Datum des geplanten Auseinandergehens der englischen

Flotte, unsere Flotte keinerlei auffällige Bewegungen vornehmen.»

Für Bethmann Hollweg war die Hoffnung, dass Großbritannien neutral bleiben könne, noch nicht zerschlagen, und er wollte alles in seiner Macht Stehende tun, um dies zu erreichen. Deshalb musste alles vermieden werden, was nach deutscher Aggression aussah oder bei den anderen Großmächten den Verdacht aufkommen ließ, man bereite sich womöglich auf einen Krieg vor. Ein Leitfaden der Politik Bethmanns in der Julikrise war es, die anderen Mächte den ersten Schritt tun zu lassen, damit diese als Aggressoren erschienen. Das Telegramm vom Kanzler an den Kaiser vom 25. Juli, in dem er es wagte, «alleruntertänigst zu befürworten, dass Ew. M. vorläufig keine verfrühte Heimreise der Flotte befehlen», wurde mit charakteristisch hitzigen Marginalien bedacht. «Unglaubliche Zumuthung!», schimpfte der Kaiser, der meinte, dass sein «Civilkanzler» die allgemeine Lage noch nicht begriffen habe. An Bord der *Hohenzollern* spekulierte Moriz von Lyncker, der Chef des kaiserlichen Militärkabinetts, «vielleicht ist diese Heimfahrt auch für uns der erste Schritt auf dem Weg zum Kriege».

Allerdings kamen aus Italien besorgniserregende Nachrichten für Berlin und Wien. Hier fühlte man sich von Österreich-Ungarn – zweifelsohne zu Recht – hintergangen, weil man nicht in die Pläne der Doppelmonarchie eingeweiht worden war und von dem Ultimatum erst in der letzten Stunde offiziell erfahren hatte. San Giuliano erklärte dem deutschen Botschafter, es sei «gegen [den] Geist des Dreibunds, in solche Aktion einzutreten, ohne [den] Verbündeten vorher zu befragen». Besonders unangenehm war in Italien der Gedanke, dass Österreich-Ungarn aus dem Konflikt mit Serbien einen territorialen Vorteil würde ziehen können. Allerdings sah in einem solchen Fall der Dreibundvertrag vor, dass Italien Kompensation zustehen würde. Man spielte deshalb in Rom mit verdeckten Karten, weil man sich zumindest einen eventuellen Gewinn auf Kosten Österreichs ausrechnete. In Wien war man sich zunächst aber einig, dass man Italien keine Zugeständnisse machen wollte, auch wenn dies von Berlin angeregt wurde.

In Rom stellten Premierminister Salandra und Außenminister San Giuliano in einer Unterredung mit dem deutschen Botschafter klar, dass Italien «angesichts des Verhaltens Österreichs und des defensiven, konservativen Charakters des Dreibunds nicht verpflichtet [sei], Österreich zur Hilfe zu kommen, sollte es als Ergebnis dieser seiner Demarche zu einem Krieg mit Russland kommen». Ein europäischer Krieg wäre in diesem Fall «die Konsequenz aus einem Akt der Provokation und Aggression seitens Österreich». Letztendlich war die italienische Neutralitätserklärung noch das beste Resultat, auf das man in Berlin und Wien hoffen konnte; im schlimmsten Fall wäre, so hatte der deutsche Botschafter aus Rom besorgniserregend telegraphiert, «zu erwägen, dass, auch nach Andeutungen des Marquis San Giuliano, schließlich nicht ganz ausgeschlossen ist, dass Italien sich gegen Österreich wenden könnte».

Die beiden Hauptmöglichkeiten, einen Krieg doch noch zu verhindern, scheiterten. Die Bitte der Serben und die Vorschläge von den Regierungen der Entente-Mächte, zunächst die kurze Frist, die für Serbiens Antwort gewährt worden war, zu verlängern, um so mehr Zeit für einen Kompromiss zu schaffen, wurden in Wien abgelehnt – mit ausdrücklicher Unterstützung Deutschlands. Und während Sir Edward Grey in London seine Vermittlungsvorschläge machte, um die Krise am Konferenztisch zu lösen, plante man in Wien bereits die Mobilmachung. Dem russischen Geschäftsträger Kudaschew erklärte Außenminister Berchtold unaufrichtig, dass das Ultimatum «annehmbar sei» und «dass es von Serbien erfüllt werden könne». Die Doppelmonarchie «müsse durch einen richtigen ‹coup de force› ihre Großmachtstellung beweisen, die für das europäische Gleichgewicht notwendig sei».

Die europäischen Regierungen hegten keinen Zweifel daran, dass Deutschland ermutigend und wohlwollend auf Österreich-Ungarn eingewirkt hatte. So berichtete der deutsche Botschafter am 25. Juli aus London: «Auch hier Auffassung verbreitet, dass uns zum mindesten moralische Mitverantwortung trifft, da ohne unsere Ermutigung derartige Note undenkbar wäre. [...] Gesamteindruck hier geradezu vernichtend.» Kein Wunder, dass die deutsche Regierung während und nach der Julikrise versuchte, jeden Verdacht aus dem Weg zu räumen, von Österreichs Ultimatum und Plänen gewusst zu haben.

In der kurzen Zeit, die den Serben blieb, gelang es ihnen, eine erstaunlich geschickte Antwort aufzusetzen, die den Österreichern fast noch einen Strich durch die Rechnung gemacht hätte. Das Unvorstellbare geschah – Belgrad nahm so gut wie alle Bedingungen des «unannehmbaren» Ultimatums an, aber eben, wohl bedingt durch Russlands Unterstützung, nicht alle. Aber eine versöhnliche Antwort war natürlich von den Intriganten in Wien nicht gewollt worden. Fast wäre also auch hier noch einmal der Weltkrieg vermieden worden. In der Hauptsache wurde die Mitwirkung österreichischer Behörden an der Untersuchung in die Hintergründe des Attentats abgelehnt, weil dies nicht mit Serbiens Souveränität zu vereinbaren sei.

In ihrer Antwortnote erklärte die serbische Regierung, dass sie «nicht für Äußerungen privaten Charakters verantwortlich gemacht werden» könne, zum Beispiel in Zeitungsartikeln, «die fast in allen Ländern ganz gewöhnliche Erscheinungen sind und die sich im allgemeinen der staatlichen Kontrolle entziehen». Man zeigte sich «schmerzlich überrascht» über die Behauptung, «dass Angehörige Serbiens an der Vorbereitung des in Sarajewo verübten Attentates teilgenommen hätten». Die zehn Punkte des Ultimatums wurden dann einzeln kommentiert und mit zwei Ausnahmen angenommen; die königlich serbische Regierung verpflichtete sich unter anderem, antiösterreichische Propaganda aus den Bildungsmaterialien zu beseitigen, Offiziere und Beamte zu entlassen, «die sich Handlungen gegen die territoriale Integrität der Monarchie haben zuschulden kommen lassen», eine Untersuchung einzuleiten «gegen alle jene Personen […], die an dem Komplotte vom 28. Juni beteiligt waren oder beteiligt gewesen sein sollen und die sich auf ihrem Gebiete befinden». Zuletzt versicherte die Regierung noch, dass es wichtig sei, «die Lösung dieser Angelegenheit nicht zu überstürzen», mit anderen Worten, Wien möge eine eventuell als unbefriedigend empfundene serbische Antwort nicht als Grund für Ausschreitungen gegen Serbien betrachten. Stattdessen war Belgrad «wie immer

bereit, eine friedliche Lösung anzunehmen, sei es durch Über-
tragung dieser Frage an das internationale Gericht im Haag, sei
es durch Überlassung der Entscheidung an die Großmächte».
Mit dieser scheinbar kulanten Antwort hatte man die Österreicher ausgespielt und die Regierungen der anderen Großmächte
beeindruckt. Belgrad sei Wien weit mehr entgegengekommen,
«als man hätte erwarten können», meinte Grey in einer Unterredung mit Lichnowsky am 27. Juli. Dieses Entgegenkommen
war seiner Meinung nach auf den beschwichtigenden Einfluss
Russlands zurückzuführen, und es sei jetzt an der Zeit, dass
auch Wien sich moderater und kompromissbereiter zeige.

Zwei wichtige Bedingungen wurden allerdings nicht angenommen. Punkt 5 verlangte von der serbischen Regierung «einzu-
willigen, dass in Serbien Organe der k. u. k.-Regierung bei der
Unterdrückung der gegen die territoriale Integrität der Monarchie gerichteten subversiven Bewegung mitwirken», und Punkt
6, dass von der Wiener Regierung «delegierte Organe» an einer
gerichtlichen Untersuchung gegen die Täter vom 28. Juni teilnehmen würden. Diese Bedingungen verstießen, so empfand man
es in Belgrad, entschieden gegen die Souveränität des serbischen
Staates. Das sah man in Paris und Petersburg nicht anders; eine
Annahme dieser Bedingungen wurde deshalb auch von den anderen Großmächten nicht gefordert, obwohl somit für Wien die
Möglichkeit entfiel, auch kontrollieren zu können, ob die Annahme der anderen Bedingungen mehr als nur Lippenbekennt-
nis war.

Man kann rückblickend spekulieren, dass Russland den Schlüs-
sel zur friedlichen Beilegung der Krise in diesem Moment in der
Hand hielt. Hätte es Serbien nahegelegt, alle Bedingungen anzunehmen, wie es ja in Belgrad zunächst auch in Erwägung gezogen worden war, so wäre Österreich-Ungarn der Wind aus
den Segeln genommen worden. Ein Krieg gegen Serbien hätte
dann von Wien aus nicht legitim vom Zaun gebrochen werden
können, und die Krise hätte – zumindest vorübergehend – mit
einem (wenn auch ganz und gar ungewollten) diplomatischen
Erfolg für Wien geendet. Zwar wäre es dann in der Folge wahrscheinlich doch noch zum Kriegsausbruch gekommen, spätes-

tens wenn Belgrad sich zu einem anderen Zeitpunkt geweigert hätte, die angenommenen Bedingungen auch in die Tat umzusetzen. Zu einem späteren Zeitpunkt hätten die übrigen Großmächte aber vielleicht einen anderen Standpunkt eingenommen, und Russland hätte einem wortbrüchigen Serbien womöglich seine Unterstützung verweigert – aber auch dies sind natürlich nur Spekulationen.

Auch in Paris und Petersburg wurden nach der Übergabe des Ultimatums Pläne gemacht und verhängnisvolle Entscheidungen getroffen, und es wäre unzutreffend, ausschließlich in Wien und Berlin nach Kriegstreibern zu suchen. Dem Krieg mangelte es nirgends an Fürsprechern, auch wenn sie nicht unbedingt überall gleich einflussreich waren. Denn nicht alle von ihnen waren im Juli 1914 an einem Komplott beteiligt, dessen Ziel lautete, die gegenwärtige Situation auszunutzen, um einen Krieg unter günstigen Bedingungen heraufzubeschwören. Die absichtliche Täuschung anderer Mächte und das Kalkül, die Entente-Mächte auf die Probe zu stellen, waren tatsächlich Wien und Berlin vorbehalten. Aber die Reaktion der anderen Länder trug nun dazu bei, den vom Zweibund gewünschten Krieg entstehen zu lassen.

In Frankreich wurde die Krise ebenfalls als Gelegenheit empfunden, die eigene Position als Großmacht unter Beweis zu stellen und vor allem das Bündnis mit Russland zu stärken. Dafür war der Besuch in Petersburg, auch wenn er vor der Übergabe des Ultimatums endete, ausschlaggebend. Präsident Poincaré und Botschafter Paléologue nutzten den Staatsbesuch, um den noch unentschlossenen Sasonow zu ermutigen, eine feste Haltung einzunehmen, sollte Österreich-Ungarn sich dazu entschließen, gegen Serbien vorzugehen. Damit erreichten sie, dass Nikolaus II. und Sasonow von Frankreichs Entschlossenheit, auf Russlands Seite zu stehen, falls es Serbien unterstützen wollte, überzeugt waren. Allerdings gab es von Frankreich keinen Blankoscheck und keine ausdrückliche Ermutigung zum Eintritt in einen Krieg, aber Russland wird in der Julikrise doch in der Gewissheit gehandelt haben, dass es sich auf französische militärische Unterstützung verlassen könnte, sollte der Ernstfall eintreten.

Dass Frankreichs und Russlands Staatsmänner ihr Treffen also zum Anlass nahmen, sich gegenseitig ihrer Unterstützung zu versichern, falls Wien – wie erwartet – eine Krise provozieren sollte, bot später Anlass, auch von Frankreichs und Russlands Kriegsschuld zu sprechen. So kamen zum Beispiel Stefan Schmidt für Frankreich und Sean McMeekin für Russland zu der Schlussfolgerung, dass beide Länder die Krise zum Anlass nahmen, ihr Bündnis enger zu knüpfen, und zu einem Krieg entschlossen waren, sollte sich dieser als unvermeidlich erweisen.

In der Historiographie ist häufig darüber spekuliert worden, was genau zwischen Präsident Poincaré und seinen Gastgebern während des Staatsbesuches in Petersburg besprochen wurde. Wir wissen es leider nicht im Detail, aber es steht zweifellos fest, dass Frankreich nicht bremsend auf Russland einwirkte. Nikolaus II. erläuterte dem französischen Botschafter, er sei «hocherfreut» über seine Unterhaltung mit dem französischen Präsidenten. «Wir müssen uns fest und einig in unseren Bemühungen zeigen, eine mögliche Lösung zu finden», und beide Männer stimmten darin überein, dass sie mit einer «gemeinsamen Front» auf ein Manöver von Österreich-Ungarn und Deutschland gegen Serbien reagieren sollten.

Nach Poincarés Abreise versicherte der französische Botschafter – dabei eindeutig seine Autorität überschreitend – den Russen am 28. Juli, «im Auftrag seiner Regierung», wie im Außenministerium in St. Petersburg notiert wurde, «Frankreichs komplette Bereitschaft, seine Bündnisobligation, wenn nötig, zu erfüllen». Nur dass Paléologue weder von seiner Regierung zu dieser Versicherung aufgefordert worden war noch über diese Unterhaltung nach Paris berichtete. Stattdessen unterhielt er während der Julikrise eine Politik der «kalkulierten Halbwahrheiten» (Schmidt).

Zusammenfassend lässt sich festhalten, dass in der Julikrise nach der Übergabe des Ultimatums und der serbischen Antwortnote zwei klare Lager existierten. Auf der einen Seite arbeitete der Zweibund aktiv daran, eine Krise vom Zaun zu brechen, und plante einen Krieg gegen Serbien, dessen Eskalation in einen europäischen Krieg man als quasi vorherbestimmt betrachtete. Das Risiko nahm man bewusst in Kauf. Sollte der

Krieg lokalisiert bleiben, das heißt nur von Serbien und Österreich-Ungarn geführt werden, so war dies sicherlich das beste
Resultat, denn es hätte das Erstarken der Doppelmonarchie
bewirkt (einen österreichischen Sieg immer voraussetzend) und
zugleich den anderen Großmächten demonstriert, dass der Zweibund nicht vor Konfrontationen zurückschreckte. Sollte es zum
europäischen Krieg kommen, so war man in Deutschland bereit, ihn jetzt zu führen, wo die Chancen für einen Sieg als günstig empfunden wurden. Einen Weltkrieg allerdings wollte man
weder in Wien noch in Berlin heraufbeschwören.

Auf der anderen Seite standen die Entente-Mächte. Großbritannien war um eine diplomatische Lösung der Krise aufrichtig
bemüht, nicht zuletzt, weil es von einem Krieg auf dem Kontinent am wenigsten profitieren würde. Frankreich und Russland
waren bereit, die sich ihnen bietende Gelegenheit zur Stärkung
ihres Bündnisses zu nutzen, und schreckten vor einem Krieg
nicht zurück. Serbien, von Russland ermutigt, entschloss sich,
scheinbar versöhnlich auf das Ultimatum zu antworten, war
aber nicht willens, seine Souveränität einzuschränken und alle
Konditionen zu akzeptieren. Und Italien hielt sich noch alle
Optionen offen, würde aber erhebliches Entgegenkommen von
Österreich-Ungarn verlangen, um sich für einen Krieg auf Seiten
seiner Bündnispartner zu entscheiden. Die nächsten Tage der
Krise entschieden über Krieg oder Frieden, aber wie wir sehen
werden, war nicht jeder in gleichem Maße bemüht, den Frieden
zu erhalten.

5. Vermittlungsversuche der Großmächte

Obwohl ein Kriegsausbruch Ende Juli fast unvermeidbar schien,
gab es noch weitere Versuche, die Krise zu entschärfen. Dies
könne aber nur gelingen, so der deutsche Botschafter in London, Prinz Lichnowsky, wenn Österreich-Ungarn bereit wäre,
«auf weitere Lorbeeren zu verzichten». In London war man im

Foreign Office der Meinung, mit der Einberufung einer Konferenz könne man erreichen, «Österreich volle Genugtuung zu verschaffen, da Serbien eher geneigt sein würde, dem Druck der Mächte zu weichen und sich in deren vereinten Willen zu fügen als den Drohungen Österreichs». Aber in Wien war man an einer Verhinderung der Eskalation bekanntlich gar nicht interessiert und weiterhin nicht in Versuchung, den englischen Vorschlägen Folge zu leisten. Man plante sogar, diese mit der Kriegserklärung an Serbien zu unterbinden. So sorgte sich Außenminister Berchtold, als er Kaiser Franz Joseph am 27. Juli die Kriegserklärung zur Unterschrift präsentierte, dass es nicht unmöglich sei, dass die Entente-Mächte immer noch eine friedliche Lösung des Konfliktes finden könnten, «wenn nicht mit der Kriegserklärung eine klare Situation geschaffen wird». Tschirschky berichtete nach Berlin, dass man in Wien zur Kriegserklärung entschlossen sei, um «jedem Interventionsversuch» den Boden zu entziehen.

Am gleichen Tag unternahm Sir Edward Grey in London einen weiteren Versuch, auf Deutschland einzuwirken, um dessen Einfluss in Wien «dahin zur Geltung zu bringen, dass man die Antwort aus Belgrad entweder als genügend betrachte oder aber als Grundlage für Besprechungen». Der russische Botschafter berichtete, Greys Sprache sei «heute viel deutlicher. Er rechnet stark auf Eindruck heute Morgen veröffentlichter […] für Flotte ergriffener Maßnahmen.» Man hatte in London am 26. Juli beschlossen, die Flotte nach Manövern nicht in die Heimathäfen zurückzuführen, um sie so für eventuelle Mobilmachungsmaßnahmen bereitzuhalten. «Jedenfalls hat das Vertrauen in Berlin und Wien auf Neutralität Englands keine Grundlage mehr», so der Botschafter.

Lichnowsky «fand den Minister zum ersten Male verstimmt». Aus London berichtete der deutsche Botschafter, der einzige deutsche Staatsmann, der zu diesem Zeitpunkt aktiv darum bemüht war, den Ausbruch eines Krieges zu verhindern, dass Vermittlungsbemühungen mehr als nur Frieden bringen könnten. Er stellte auch für die Zukunft bessere Beziehungen mit Großbritannien in Aussicht. Sollte es möglich sein, «durch unser

Eingehen auf [Greys] Bitte eine weitere Zuspitzung der Lage zu verhindern, so stehe ich dafür ein, dass unsere Beziehungen zu Großbritannien auf unabsehbare Zeit den vertrauensvollen und intimen Charakter tragen werden, der sie seit anderthalb Jahren kennzeichnet». Diese Zukunftsvision lockte die deutsche Regierung scheinbar nicht. «S. M. missbilligten den Standpunkt Lichnowskys», notierte Bethmann Hollweg. Und weil man seine Friedensliebe nicht billigte und der Meinung war, er «erzähl[e] alles an Sir Edward [Grey] in ungeschickter Weise», wurden ihm von jetzt an wichtige Informationen vorenthalten.

Den erneuten Vorschlag aus London, eine Konferenz einzuberufen, konnte man in Berlin allerdings schlecht rundweg ablehnen. Bethmann Hollweg erklärte Tschirschky dementsprechend, dass es nach dem Ablehnen des ersten Konferenzvorschlages jetzt «unmöglich [sei], auch diese englische Anregung a limine abzuweisen». Täte Berlin dies, «so würden wir von der ganzen Welt für die Konflagation verantwortlich gemacht und als die eigentlichen Treiber zum Kriege hingestellt werden». Dies, so Bethmann, wäre aber vor allem auch innenpolitisch von Schaden, «wo wir als die zum Kriege Gezwungenen dastehen müssen». Damit ist die Hauptmotivation des Bethmann'schen Kalküls in der Julikrise auf den Punkt gebracht. Und am 27. Juli fasste Müller die «Tendenz unserer Politik» nochmals zusammen: «Ruhige Haltung, Russland sich ins Unrecht setzen lassen, dann aber den Krieg nicht scheuen.» In einer Besprechung mit Szögyény am Mittag erklärte Staatssekretär Jagow dem österreichisch-ungarischen Botschafter «in streng vertraulicher Form sehr entschieden», dass man über Berlin eventuell von einem britischen Vermittlungsvorschlag Kenntnis erhalten würde. «Die deutsche Regierung versichere auf das Bündigste, dass sie sich in keiner Weise mit den Vorschlägen identifiziere, sogar entschieden gegen deren Berücksichtigung sei und dieselben, nur um der englischen Bitte Rechnung zu tragen, weitergebe.»

In London dagegen ließ Jagow zur selben Zeit versichern, man unterstütze die Vorschläge Greys und habe sie an Wien weitergeleitet. «In dem von Sir Edward Grey gewünschten Sinne haben wir Vermittlungsaktion in Wien sofort eingeleitet», informierte

Jagow den deutschen Botschafter Lichnowsky. Tatsächlich aber hatte sich Bethmann Hollweg in seinem Telegramm an Tschirschky darauf beschränkt, dieser möge «Graf Berchtolds Ansicht über die englische Anregung, ebenso wie über Wunsch Sasonows, mit Wien direkt zu verhandeln», eruieren. Es kann also keine Rede davon sein, dass es in Berlin eine tatsächliche Unterstützung des britischen Vorschlags gegeben hätte. Diese absichtliche Täuschung Lichnowskys und Greys ist ein weiteres Indiz dafür, dass während der Julikrise nicht jede Regierung in gleichem Maße bemüht war, die drohende Eskalation der Krise in einen Balkankrieg (und dessen eventuelle Ausweitung in einen europäischen Krieg) zu verhindern.

In Petersburg versuchte der russische Außenminister Sasonow nun, mit Österreich-Ungarn in direkte Verhandlung zu treten, statt die britische Vermittlungsidee aufzugreifen. Es ist in der Forschung umstritten, ob sein Motiv dabei wirklich eine Entschärfung der Krise war oder ob er diese Gespräche nur als Vorwand nutzte, der es ihm erlaubte, auf Greys Vorschläge nicht direkt einzugehen, ohne dabei den Eindruck zu erwecken, er sei nicht an einem Ausgleich interessiert. Jedenfalls nahm Sasonow am 27. Juli die Vorschläge aus London prinzipiell zwar an, aber unter dem Vorbehalt, er wolle zunächst abwarten, ob die Gespräche mit Wien Erfolg zeitigten. Das war jedoch nicht der Fall. Österreich-Ungarns Kriegserklärung an Belgrad entzog seinen Verhandlungen den Boden. Ob nun aufrichtig oder nur vorgetäuscht, die Gespräche zwischen Petersburg und Wien waren damit ohnehin zum Scheitern verurteilt.

In Paris akzeptierte man Greys zweiten Vermittlungsversuch am 28. Juli. Da er die Mediation der vier unbeteiligten Mächte mit Österreich-Ungarn, Serbien und Russland unter der Bedingung beinhaltete, dass keine der drei Mächte militärische Operationen begann, wurde der Vorschlag allerdings noch am gleichen Tag hinfällig. In der Nacht zum 29. hatten die Österreicher nämlich Belgrad bombardiert.

Doch selbst in Deutschland gab es jetzt Stimmen, die Verhandlungen guthießen. Am Nachmittag des 27. Juli traf Wilhelm II. nach Rückkehr von seiner Nordseefahrt am kleinen Bahnhof

Wildpark in Potsdam ein, wo er vom Kanzler in einem Immediatsvortrag auf den neuesten Stand der Dinge gebracht wurde. Der Kaiser, der nach wie vor für den Krieg war, sprach sich nun allerdings auch dafür aus, die Österreicher sollten Bereitschaft für ein Entgegenkommen gegenüber Italien signalisieren, und befahl dem Kanzler, er möge in Wien darauf hinwirken lassen, Rom Kompensation anzubieten. Meldungen von Flotow aus Rom, dass es dort zu «scharfen Zusammenstößen» zwischen dem deutschen Botschafter, dem italienischen Premierminister Salandra und Außenminister San Giuliano gekommen war und dass Italien den Bündnisfall nicht anerkennen würde, besorgten den Kaiser und waren wohl für seinen Stimmungswechsel verantwortlich. Die Besprechungen in Potsdam fasste Moriz von Lyncker, des Chef des kaiserlichen Militärkabinetts, wie folgt zusammen: «Unsere Politik sei darauf gerichtet, Russland in die Rolle des Provozierenden zu drängen. Wir seien aber nicht bemüht, Österreich von weiterem Vorgehen zurückzuhalten.» Wohlgemerkt, dieser Meinung war man in Deutschland, während am gleichen Tag aus London neue Vorschläge zu Verhandlungen unterbreitet wurden. In Potsdam hingegen hatte man, statt mäßigend auf Wien und Belgrad einwirken zu wollen, beschlossen: «Nach außen müssen wir den Eindruck kriegerischer Stimmung vermeiden.»

Erst am nächsten Morgen wurde dem Kaiser die volle Antwortnote Belgrads vorgelegt. Der Kaiser schrieb beeindruckt auf das Dokument, dass es sich bei der Antwort um eine «brillante Leistung» handle, besonders angesichts der kurzen Frist. «Das ist mehr, als man erwarten konnte! Ein großer moralischer Erfolg für Wien; aber damit fällt jeder Kriegsgrund fort, und Giesl hätte ruhig in Belgrad bleiben sollen!» Damit schien sich zu bewahrheiten, was man in Berlin schon zu Beginn der Krise befürchtet hatte, dass nämlich der Kaiser auch diesmal wieder «umfallen» werde. Von seinen kriegsbegeisterten Marginalien war nicht viel übrig geblieben. Stattdessen verfasste er einen Brief an Jagow, dessen Inhalt den Ausbruch des Weltkrieges noch hätte verhindern können. Serbiens Antwort habe, so heißt es darin, «im Großen und Ganzen die Wünsche der Donaumonarchie erfüllt» und beinhalte «die Kapitulation demüthigster Art»; dadurch «entfällt *jeder Grund zum Kriege*». Allerdings sei den Serben nicht zu trauen, denn sie «sind Orientalen, daher verlogen». Deshalb müsse Österreich-Ungarn als «Faustpfand» Belgrad und einen Teil des Landes besetzen, um die Versprechungen im Notfall zu erzwingen. Diese Lösung hatte durchaus Aussicht auf Erfolg, auch wenn am gleichen Tag von Wien aus die Kriegserklärung ausgesprochen wurde; des Kaisers «Halt in Belgrad»-Befehl hätte in der Tat den Ausbruch des Krieges noch vermeiden können.

Wenn nicht Bethmann Hollweg die Sache nun selbst in die Hand genommen hätte. Der Kanzler leitete Wilhelms Anweisung, in Wien einen «Halt in Belgrad» zu empfehlen, mit Verzögerung und nicht im vollen Wortlaut nach Wien weiter – die Auffassung etwa, dass jeder Kriegsgrund entfallen sei, war darin nicht einmal mehr enthalten. Tschirschky wurde sogar eigens instruiert, er möge den Eindruck vermeiden, «als wünschten wir Österreich zurückzuhalten». Zugleich versicherte Bethmann Hollweg dem Kaiser, er habe «die befohlene Demarche» an Wien weitergeleitet. Die Anweisung traf erst am Morgen des 29. Juli in Wien ein. Von dort war inzwischen die Kriegserklärung an Serbien erfolgt, und es war bereits zum Schusswechsel zwischen einem österreichisch-ungarischen Schlepperverband und serbischen Uferwachen bei Belgrad gekommen. Am darauf folgenden Tag wurde – völkerrechtswidrig – die Hauptstadt mit Artillerie beschossen.

Dass Österreich-Ungarn Serbien am 28. Juli den Krieg erklärte, war nach dem Ultimatum der zweite gravierende von Wien aus initiierte Schritt auf dem Weg zum Weltkrieg. «Man hat hier [in Wien] beschlossen, morgen, spätestens übermorgen, offizielle Kriegserklärung [an Serbien] zu erlassen, hauptsächlich, um jedem Interventionsversuch den Boden zu entziehen», wusste Tschirschky am 27. Juli zu berichten. Mit der Kriegserklärung und der am nächsten Tag folgenden Beschießung Belgrads war der Krieg zwischen Österreich-Ungarn und Serbien Wirklichkeit geworden, und Greys Vorhaben, diesen Krieg zu verhindern, um den Ausbruch eines europäischen Krieges zu vermeiden, war damit gescheitert. Aber es bestand immer noch Aussicht, die Eskalation dieses Konfliktes in einen «großen» Krieg abzuwenden. Dies hing nun hauptsächlich von weiteren Entscheidungen in Deutschland und Russland ab. Zeitgenossen waren allerdings auch der Meinung, dass Großbritannien die Geschicke Europas noch beeinflussen könne.

London hatte zwar bisher in der Krise die Vermittlerrolle gespielt, aber es war ungewiss, wie es sich im Falle des Ausbruchs eines europäischen Krieges verhalten würde. Gewissheit darüber zu erhalten war für die anderen europäischen Regierungen jedoch von größter Bedeutung. Sir Edward Grey befand sich in einer ungemein verzwickten Lage. Denn zeigte sich Großbritannien bereit, auf Seiten der Entente in einen bevorstehenden Krieg einzugreifen, so hätte dies Siegessicherheit bei den Russen und Franzosen auslösen können, die dementsprechend weniger bereit gewesen wären, auf eine Deeskalation der Krise hinzuwirken. Erklärte man in London dagegen die britische Neutralität, so hätte das Deutschland und Österreich-Ungarn anspornen können, mit ihrer aggressiven Politik fortzufahren.

Wie Grey es auch drehte und wendete – dies war in der Tat eine nicht beneidenswerte Situation für die britische Außenpolitik, die aufrichtig um eine friedliche Lösung der Krise bemüht war – einer Krise zudem, die dem Land höchst ungelegen kam. Bis zum 23. Juli hatte man sich in London nämlich noch auf drängende innenpolitische Schwierigkeiten konzentriert. In Irland drohte ein Bürgerkrieg, und in London sorgten für Frauenwahlrecht demonstrierende Suffragetten nicht nur für Aufsehen, sondern auch für Aufruhr. Der Balkan war dagegen von geringem Interesse; ein Krieg auf dem Kontinent kam für Großbritannien zur Unzeit, und es hatte daraus auch am wenigsten potentiellen Nutzen zu ziehen. Nur durch das Ultimatum gezwungen, hatte man in dieser Krise – aus der man sich gerne herausgehalten hätte – Stellung bezogen. Als sich dann zeigte, dass die in London angeregten Vermittlungsversuche nicht fruchten würden, wurde allerdings eine noch viel schwierigere Entscheidung unumgänglich.

Denn Neutralität war für Großbritannien letztlich nur eine

rein theoretische Option, in der Praxis fast unmöglich. Schon im Frühjahr 1914 hatte man wiederholt in britischen diplomatischen Kreisen festgestellt, dass Großbritannien Russlands «Freundschaft zu fast jedem Preis» erhalten müsse. Die Entente im Stich zu lassen hätte zur Folge gehabt, dass Großbritannien im Falle eines russisch-französischen Sieges gegen den Zweibund isoliert dastünde. Greys vorsichtige Politik in der späten Julikrise zielte darauf ab, einen europäischen Krieg zu vermeiden – sollte sich dies aber als unmöglich erweisen, so blieb London letztendlich nichts anderes übrig, als sich auf die Seite der Entente zu stellen, um britische Interessen langfristig zu schützen. Dafür gab es mehrere Gründe: Frankreich hatte 1912 in einem Marineabkommen den Schutz seiner Nordseeküste der britischen Marine anvertraut und wäre nun, von Großbritannien im Stich gelassen, einem deutschen Angriff schutzlos ausgeliefert gewesen. Andererseits stellte Russland, für den Fall, dass Frankreich und Russland aus einem Krieg gegen Deutschland siegreich hervorgehen würden, eine Bedrohung für das britische Empire dar, denn ein siegreiches Russland würde sich zweifellos als Nächstes gegen Indien richten. «Russland wäre in der Lage, in Regionen, in denen wir leider sehr schwach sind, für uns extrem unangenehm zu werden», sorgte sich Nicolson im Mai 1914. Solche Überlegungen spielten im britischen *Foreign Office* auch im Juli eine Rolle. Noch waren zwar Österreich-Ungarn und Deutschland die potentiellen Feinde, aber langfristig wurde die deutsche Furcht vor einem übermächtigen Russland sogar in London geteilt. Selbst in Paris war man davon überzeugt, dass die Russen in Zukunft unbesiegbar werden würden. Großbritannien konnte es sich demzufolge kaum leisten, nicht auf Russlands und Frankreichs Seite zu stehen, und aus diesem Dilemma erklären sich auch Greys Versuche, die Krise zu entschärfen und alle Seiten zum Einhalten zu bewegen.

Die letzten Tage der Julikrise waren geprägt von besorgtem Warten auf eine Londoner Entscheidung – in den Hauptstädten der Großmächte, aber auch im Londoner Kabinett, das gespalten war. Wie Kabinettsmitglied J. A. Pease in seinem Tagebuch notierte: «Alle Mächte bauten nun ihre Hoffnungen auf unsere

Teilnahme oder Enthaltung, wie es ihnen am besten passte.» Frankreich und Russland ermutigten Großbritannien, sich im Interesse des Friedens auf ihre Seite zu schlagen, und Deutschland und der Dreibund drängten auf britische Neutralität, weil nur «dies allein den Frieden bewahren» könne. «Offensichtlich können wir nichts richtig machen», wurde in der Kabinettssitzung am 29. Juli resigniert notiert. Grey beschloss an diesem Tag, dem französischen Botschafter zu sagen, «zählt nicht darauf, dass wir dabei sind», und dem deutschen Botschafter zu sagen, «zählt nicht auf unsere Enthaltung». Wie John Burns nach der Sitzung zusammenfasste: «Es wurde beschlossen, nichts zu beschließen.»

In keiner anderen Regierung war man so ehrlich und ernsthaft bemüht, eine friedliche Lösung für den Konflikt zu finden. Dennoch wurde ausgerechnet Grey später vorgeworfen, er sei schuld an der Eskalation der Krise; hätte er eher erklärt, dass Großbritannien nicht neutral bleiben würde, hätte dies die Situation entschärfen können. So warf zum Beispiel Lloyd George ihm vor, er sei «einer von zwei Männern gewesen, die hauptsächlich für den Krieg verantwortlich waren». Im Oktober 1914 fasste Ramsay McDonald, der Führer der *Labour Party*, eine Unterhaltung zusammen, in der er mit Lloyd George und einem Mitglied des Schatzamtes die Kriegsursachen besprochen hatte. «Sie waren sich einig, [dass] Greys Außenpolitik verantwortlich für den Krieg» sei.

Die Spekulationen, ein entschlosseneres Auftreten Großbritanniens hätte den Ausgang der Krise beeinflussen – und den Ausbruch des Krieges eventuell verhindern – können, sind nicht nur unfair (schließlich war Grey nicht dafür verantwortlich, dass der Zweibund einen Krieg riskieren wollte), sondern entbehren im Rückblick auch jeder Grundlage, denn Deutschland hätte sich dadurch nicht von einem Krieg abhalten lassen. Berlin war nur daran interessiert, diesen Krieg unter den bestmöglichen Bedingungen führen zu können. Militärisch war der britische Kriegseintritt verkraftbar, wie Moltke bereits 1913 überheblich gemeint hatte, als Jagow ihn warnte, die Verletzung der belgischen Neutralität werde die Engländer auf den Plan rufen. Großbritanniens

Neutralität war deshalb zwar ein deutscher Wunsch und hätte den Sieg im Westen erleichtert, sein Kriegseintritt war aber kein Hindernis, dessentwegen man sich in Berlin vielleicht noch gegen den Krieg entschieden hätte.

Dagegen war für Frankreich und Russland die Unterstützung aus London tatsächlich unentbehrlich. Bereits am 24. Juli hatte Sasonow dem britischen Botschafter Buchanan gegenüber geäußert, er hoffe, Großbritannien werde «seine Solidarität mit Frankreich und Russland» erklären. Am nächsten Tag machte Sasonow dem russischen Botschafter in London, Alexander Graf von Benckendorff, klar, man erwarte, «dass England nicht zögern wird, sich auf die Seite von Russland und Frankreich zu stellen», um so das Gleichgewicht unter den europäischen Mächten aufrechtzuhalten. Dementsprechend drang Benckendorff noch am gleichen Tag bei Grey darauf, dass dieser «Deutschland einen Hinweis geben sollte, damit es denkt, dass [England] nicht beiseitestehen würde, wenn ein Krieg käme». Einen Tag später schrieb er frustriert, man sei in England immer noch nicht richtig «aufgewacht». Der Botschafter werde weiterhin versuchen, Grey dazu zu bewegen, «die Maske zu lüften». Am 29. Juli konnte er berichten, dass «die Ulster-Affäre völlig in den Hintergrund getreten», aber die öffentliche Meinung immer noch nicht auf Krieg eingestellt sei.

Historiker haben Grey später nachgesagt, seine Vermittlungsversuche hätten der Realität der europäischen militärischen Pläne von 1914 nicht Rechnung getragen (Luigi Albertini), oder seine Mediationsangebote gleich rundweg als «halbherzig» verworfen (Christopher Clark). Tatsächlich aber zeigt sich bei eingehendem Quellenstudium, dass er aufrichtig um eine Entschärfung der Krise bemüht war sowie langfristig an guten britisch-deutschen Beziehungen interessiert – denn er zählte zu den wenigen im *Foreign Office*, die nicht der Auffassung waren, dass eine Feindschaft mit Deutschland unvermeidbar sei. Aber auch wenn er in der Julikrise als «ehrlicher Makler» agierte – den Kriegsausbruch konnte er nicht vermeiden, denn die Entscheidung für Krieg oder Frieden wurde in anderen Regierungen gefällt. Seine Position war noch dadurch erschwert, dass man in London keineswegs einer Meinung war, was den drohenden Kontinentalkrieg anbelangte. Die Entscheidung in London fiel demensprechend spät und erst, nachdem Grey mit seinem Rücktritt gedroht hatte, falls das Kabinett den britischen Kriegseintritt nicht befürwortete. Dass die Entscheidung letztlich für den Krieg ausfiel und die Unterstützung fast des ganzen Kabinetts und, ausschlaggebender, fast der gesamten Bevölkerung fand, lag nicht zuletzt an Deutschlands unglücklicher Behandlung des neutralen Belgiens, wie wir noch sehen werden.

Während man in Paris und Petersburg verzweifelt versuchte, Grey zu einer klaren Aussage zu bewegen, klammerte man sich in Berlin an die unrealistische Hoffnung auf britische Neutralität, die Bethmann Hollwegs Politik schon seit Längerem geprägt hatte. Allerdings entbehrte diese Hoffnung jeder realen Grundlage und beruhte auf Missverständnissen. So traf in Berlin am 29. Juli ein Brief des in London weilenden Bruders des Kaisers, Prinz Heinrich, ein, in dem er von einer Unterredung mit dem britischen König berichtete, in deren Verlauf der König ihm angeblich Großbritanniens Neutralität für den Kriegsfall zugesagt habe. Britische Neutralität – das hörte man selbstverständlich in Berlin gerne, denn darauf hatte man schließlich lange hingearbeitet. Nun stand einem deutschen Sieg gegen Frankreich und Russland wohl nichts mehr im Wege, dachte man.

Prinz Heinrich berichtete, der britische König habe ihm versichert, «wir werden alles versuchen, was wir können, um uns rauszuhalten, und wir werden neutral bleiben». Dass diese Worte jemals gefallen waren, wurde von George V. später bestritten. Eine Entscheidung über eventuelle Neutralität war zu diesem Zeitpunkt in London jedenfalls noch nicht gefallen, und der König war auch nicht in der Lage, eine solche selber zu treffen oder sie auch nur zu beeinflussen. Allerdings ist in mehreren Quellen belegt, dass man in Berlin nun davon ausging, London werde neutral bleiben. So können wir zum Beispiel in Admiral von Müllers Eindrücken von einem wichtigen Marinevortrag beim Kaiser am Abend des 29. Juli nachlesen, Moltke und Falkenhayn, die zuvor beim Kaiser vorgesprochen hatten, «waren guter Dinge im Glauben an Englands vorläufige Neutralität (der König hatte das unserem Prinzen Heinrich versichert)». Admiral von Tirpitz gewann ebenfalls den Eindruck, der Kaiser glaube fest an die englische Zusicherung – ganz im Unterschied zu Tirpitz selbst, der der Meinung war, dass Grey keinen «klaren Wein» einschenken wollte, und sich die Entscheidung noch vorbehielt: «Ich habe das Wort eines Königs, das genügt mir», meinte der Kaiser.

Nach dem Krieg gestand Prinz Heinrich ein, der englische König habe ihm keineswegs ein Versprechen gegeben; in der Julikrise aber hatte seine Falschmeldung äußerst ernste Konsequenzen. Als sich nur wenig später herausstellte, dass eine britische Neutralität nichts als Wunschdenken bleiben würde, warf der enttäuschte deutsche Kaiser Grey (den er als «gemeine[n] Täuscher» betitelte) vor, er habe Deutschland verraten: «Er weiß ganz genau, dass, wenn er nur einziges, ernstes, scharfes Wort in Paris und Petersburg spricht und sie zur Neutralität ermahnt, beide sofort stille bleiben werden. Aber er hütet sich, das Wort auszusprechen, sondern droht uns stattdessen! Gemeiner Hundsfott!»

Gleichzeitig leistete man sich aber auch einen diplomatischen Fauxpas. So hatte Bethmann Hollweg dem britischen Botschafter erklärt, Deutschland plane im Kriegsfall «keinen Gebietserwerb auf Kosten Frankreichs» (das gleiche Versprechen könne man leider nicht für Frankreichs Kolonien machen), werde die Neutralität der Niederlande so lange wahren, wie andere dies täten, und die Integrität (wenn auch nicht Neutralität) Belgiens respektieren, solange dieses nicht «gegen Deutschland Partei nehme». Auf dieser Basis hoffte der Kanzler auf eine «Zusicherung britischer Neutralität». In London wurde der entsprechende Bericht des Botschafters mit Entsetzen kommentiert. Sir Eyre Crowe bemerkte, dass diese «erstaunlichen Vorschläge […] ein schlechtes Licht auf den Staatsmann werfen, der sie macht». Mit diesem Vorschlag hatte Bethmann Hollweg nicht nur preisgegeben, dass Deutschland vorhatte, im Kriegsfall Belgiens Neutralität zu verletzen, und in der Lage sein würde, die Neutralität der Niederlande zu wahren (wie Crowe richtig vermutete, «um deutsche Einfuhr via Rhein und Rotterdam zu sichern»), sondern auch, dass man in Berlin wohl zum Krieg «so gut wie entschlossen» war «und dass der einzig hemmende Einfluss bislang die Furcht vor der Teilnahme Englands an der Verteidigung Frankreichs und Belgiens war». Premierminister Herbert Asquith war der Meinung, dies sei ein «ziemlich schamloser Versuch von Seiten Deutschlands, unsere Neutralität zu kaufen». Als Grey von der Unterhaltung in Berlin erfuhr, brachte ihn das auf der Stelle «zur Weißglut». Er war inzwischen davon überzeugt, dass Großbritannien auf Seiten der Entente kämpfen musste, und auch bereit, diese Entscheidung im gespaltenen Kabinett mit Rücktrittsdrohung durchzusetzen. Diese ungeschickten und arroganten deutschen Handlungen halfen dabei, im britischen Kabinett die Bemühungen der Friedenspartei zu schwächen, wie Kabinettsmitglied John Morley am 2. August bemerkte.

Belgiens Schicksal sollte nun den Ausschlag geben; Großbritannien sah sich verpflichtet, Belgien gegen einen Angriff zu verteidigen, denn es hatte zusammen mit den anderen Großmächten – inklusive Deutschlands – die Neutralität der Belgier 1839 garantiert. Am 29. Juli schickte die deutsche Regierung dem deutschen Gesandten in Brüssel, Claus von Below-Saleske, ein geheimes Ultimatum an Belgien, mit der Bitte, dies bis auf Weiteres «sicher verschlossen aufzubewahren». Am 2. August wurde Below dann aufgefordert, der belgischen Regierung das Ultimatum zu übergeben. Wie wir noch sehen werden, war Deutschlands Entscheidung, die Neutralität Belgiens zu verletzen, der letzte Trumpf in Greys Hand, der es ihm erlauben würde, sowohl das britische Kabinett als auch die britische Bevölkerung für einen Kriegseintritt zu gewinnen.

In Deutschland kam es nach Ablauf der österreichischen Frist vor allem darauf an, schnell mobil zu machen, denn der deutsche Aufmarschplan beinhaltete ein Überraschungsmoment und musste so schnell wie möglich in Gang gesetzt werden. Doch in Wien war man außerstande, eine schnelle Mobilisierung zu organisieren. Der sächsische Militärbevollmächtigte Leuckart berichtete am 29. Juli aus Berlin, man sei im großen Generalstab der Meinung, die österreichische Armee werde «nicht vor dem 12. August operationsfähig sein».

Zu diesem Zeitpunkt verlangten Moltke und Falkenhayn in Berlin schon, dass der «Zustand drohender Kriegsgefahr ausgesprochen wurde». Vom militärischen Standpunkt aus war der «Moment für uns günstig» und «die Stimmung des Kaisers ruhig und entschlossen». Kanzler Bethmann Hollweg hingegen war gegen übereilte Schritte – allerdings nicht, weil er den Kriegsausbruch hätte verhindern wollen, sondern wegen seiner Absicht, den Gegner für den Kriegsausbruch verantwortlich zu machen. Seine Kalkulation lautete: Wenn Russland «durch einen Angriff auf Österreich die allgemeine Kriegsfurie» entfessele und damit «die Schuld für den großen Kladderadatsch auf sich nehmen würde», könne sich England nicht auf Russlands Seite gesellen. In den letzten Julitagen herrschte in Berlin Uneinigkeit zwischen den auf Mobilmachung drängenden Militärs und den auf das äußere Erscheinungsbild bedachten Zivilisten. Moltke wusste, dass der Erfolg des deutschen Aufmarschplanes von einer frühen Mobilmachung abhing. Der deutsche «Schlieffenplan» war zu seinem Gelingen darauf angewiesen, dass die belgische Festungsstadt Lüttich und die dort befindlichen Eisenbahnlinien spätestens am fünften Mobilmachungstag eingenommen würden. Bethmann Hollweg aber wollte abwarten, bis Russland mit seiner Generalmobilmachung den ersten Schritt tat, um es so für den Kriegsausbruch verantwortlich zu machen.

Mit ganz ähnlichen Überlegungen entschied man in Frankreich, dass Deutschland als der Aggressor erscheinen müsse, wenn man Großbritanniens Unterstützung gewinnen wollte. Bereits am 26. Juli waren sich in Paris Kriegsminister Messimy und Generalstabschef Joffre einig, «dass wir nicht die Ersten sein werden, die irgendeine Initiative treffen, aber dass wir ohne jede Verzögerung alle Vorsichtsmaßnahmen treffen werden, die denen unserer Feinde entsprechen». In der Regierung beschloss man, die Mobilmachung zu verzögern und nur die geringsten militärischen Vorbereitungen zu treffen. Französische Truppen sollten zehn Kilometer hinter der Grenze zurückgehalten werden, um sicherzustellen, dass man nicht für eventuelle Grenzübergriffe verantwortlich gemacht werden konnte. Man legte Wert darauf, dass Deutschland den ersten Schritt tun sollte, und wollte so Englands Unterstützung gewinnen. Um dies erwirken zu können, setzten sich die Politiker gegen die Bedenken der Militärs durch. Generalstabschef Joffre notierte am 30. Juli, dass er «stark protestierte» gegen die Entscheidung, keine Reservisten aufzurufen, dass er aber zunächst wenig einzuwenden habe gegen den Plan des «10-Kilometer Limits», denn er erkannte «die Stärke des Motivs, das dies gebietet und [...] außerdem, dass diese Maßnahme in keiner Weise unsere Mobilmachung oder unsere späteren Operationen kompromittieren würde».

Ende Juli 1914 war das Kalkül des französischen Präsidenten und der führenden Militärs demnach nicht, einen Krieg zu vermeiden (dies schien inzwischen eher aussichtslos, selbst wenn man es in Paris ernsthaft gewollt hätte), sondern eine möglichst günstige diplomatische Ausgangssituation für das eigene Land zu schaffen. Am 30. Juli wurde im russischen Außenministerium «die volle Bereitschaft Frankreichs, nötigenfalls seine Bündnispflicht zu erfüllen», zur Kenntnis genommen. Man hatte sich der gegenseitigen Unterstützung versichert. Poincaré war es gelungen, Frankreich in eine gute Position zu manövrieren und dafür zu sorgen, dass dessen Kriegseintritt als defensiver Akt gewertet werden würde.

Der belgische Gesandte in Paris, Jules Guillaume, wusste zu berichten, dass der französische Generalstab «den Krieg will, weil er den Moment für günstig hält und weil man endlich der Sache ein Ende machen sollte». Aber man wolle nur mobil machen, wenn man mit «dem Unvermeidlichen» konfrontiert sei. Es gab allerdings in Paris auch Stimmen, die noch an einen Ausgleich glaubten. So hoffte vor allem Ministerpräsident und Außenminister René Viviani, der auch schon während des Staatsbesuchs durchaus friedlicher gestimmt war als der französische Präsident, noch am 1. August nach einer Unterredung mit dem deutschen Botschafter Schoen auf eine Chance, den Krieg zu verhindern – oder, wie Poincaré resigniert in seinem Tagebuch notierte, «auf ein Wunder». Poincaré musste Viviani belehren, dass der Botschafter nur mit ihnen spiele.

Indes war dem französischen Generalstabschef weiteres Abwarten unmöglich geworden. Unter der Androhung, «diese

Verantwortung» nicht übernehmen zu können – also seines Rücktritts –, forderte Joffre am 31. Juli vom Kriegsminister die Entscheidung zur Mobilmachung der französischen Armee. Es sei «absolut unerlässlich, dass die Regierung weiß, dass von heute Abend an jede Verzögerung von 24 Stunden im Aufrufen der Reservisten und im Schicken des *télégramme de couverture* [also der Mobilmachung] einen Rückzug von unserem Konzentrationsplan bedeute, mit anderen Worten, das erste Aufgeben eines Teils unseres Territoriums, etwa fünfzehn bis zwanzig Kilometer für jeden Tag, den wir verzögern». Noch am selben Tag beschloss der Ministerrat, nach Kenntnisnahme von Joffres Schreiben, die Generalmobilmachung. Das entsprechende Telegramm wurde um 18 Uhr verschickt.

In diesen letzten Tagen der Julikrise war dem deutschen Kanzler Theobald von Bethmann Hollweg allmählich zu Bewusstsein gekommen, dass sein Vertrauen auf britische Neutralität jeder realen Grundlage entbehrte. Der bevorstehende Krieg würde von Deutschland aus gegen Frankreich, Russland *und* Großbritannien zu führen sein – bei aller Siegeszuversicht der Militärs eine ernüchternde Erkenntnis. Und so zog der Kanzler jetzt doch noch die Notbremse. Erst am 30. Juni machte er sich Greys Verhandlungsvorschläge zu eigen und versuchte in letzter Stunde, den österreichischen Verbündeten zu einem Einlenken zu überreden. «Österreichs politisches Prestige, die Waffenehre seiner Armee sowie seine berechtigten Ansprüche Serbien gegenüber könnten durch Besetzung Belgrads oder anderer Plätze hinreichend bewahrt werden», erklärte der deutsche Kanzler jetzt, und entsann sich, «dringend und nachdrücklich anheim[zu]stellen, die Vermittlung […] anzunehmen». In Wien löste dieser Umschwung größte Befürchtungen aus und führte zu einem «tiefen Mißtrauen» gegenüber Berlin (Albertini); in der Forschung bleibt umstritten, wie ernst die aus Deutschland kommenden Warnungen zu nehmen waren. In jedem Fall wurde der Rat aus Berlin nicht befolgt.

Bei den Militärs hatte man ein solches «Umfallen» der Zivilisten und des Kaisers von jeher gefürchtet – dem deutschen Militärbevollmächtigten in Wien, Kageneck, war die neue Taktik der Reichsleitung vor allem sehr peinlich. Er berichtete an den deutschen Generalstab, er habe «eben durch den Botschafter» Tschirschky erfahren, dass «wir also wieder einmal vor Russlands und Englands Bluff auf die Knie gesunken» sind. Er traue sich kaum, ins Kriegsministerium zu gehen, um dort Conrad zu erklären, warum Deutschland den englischen Mediationsvorschlag akzeptieren wolle, und «damit die brave öste[rreichische] Armee wieder um den s[erbischen] Feldzug betrügen. [...] Endlich ist die Kriegserklärung erfolgt, und an der Grenze schon müssen sie wieder haltmachen», beschwerte er sich und fügte hinzu, er «fürchte» sich «ordent[lich] vor der ersten Begegnung mit Conrad».

Doch in Wien, wo man aus Berlin seit Wochen nichts als Ermutigungen und sogar Enttäuschung über die Verspätung einer österreichischen Aktion gehört hatte, war man jetzt, nachdem man Serbien am 28. Juli den Krieg erklärt hatte, ohnehin nicht bereit, seine Pläne noch einmal zu ändern. Trotz der von Bethmann übermittelten Drohung aus Berlin, man lehne es ab, «uns von Wien leichtfertig und ohne Beachtung unserer Ratschläge in einen Weltbrand hineinziehen zu lassen», ließ die Wiener Regierung sich nicht von ihrem Krieg gegen Serbien abbringen. In einer Audienz beim Kaiser erklärte Conrad am 30. Juni, dass es keine militärischen Pläne für eine Besetzung Serbiens gebe. Außerdem sei die ganze Sache «irrelevant, weil wir vor allem die Feindseligkeiten nicht einstellen können, das ist bei der Stimmung der Armee unmöglich». Er war dafür, den Deutschen daher ganz unverblümt ebendies mitzuteilen: «Vom Einstellen der Feindseligkeiten kann keine Rede sein, [und] nachdem Russland mobilisiert hat, mobilisieren wir auch.»

Die Frage der italienischen Haltung war weiterhin ungeklärt. Italien war Österreich-Ungarn gegenüber nach wie vor feindlich gesinnt und kein verlässlicher Bündnispartner. Rom hätte vielleicht mit Kompensationsangeboten überredet werden können, auf Seiten des Dreibunds zu kämpfen. Doch die dringende Aufforderung Berlins, sich Italien gegenüber flexibler zu verhalten, wurde in Wien mit einiger Überheblichkeit zurückgewiesen. «Auch in italienischer Frage scheint Wien unsere Ratschläge zu mißachten», fügte Jagow Bethmann Hollwegs warnendem Text vom 30. Juli handschriftlich zu. Der Zweibund war in dieser späten Stunde nicht von Einigkeit geprägt, mit dem Kriegseintritt des vereinten Dreibundes war kaum noch zu rechnen.

Es ist unwahrscheinlich, ob Italien dazu hätte überredet werden können, auf Seiten des Dreibundes in den Krieg zu ziehen. In der Julikrise hatten Italiens Diplomaten zunächst versucht, den Ausbruch eines Balkankrieges zu verhindern; es lag ihnen nichts an einem Krieg zwischen Österreich-Ungarn und Serbien. Vor der Krise waren sich allerdings Moltke, Conrad und ihr italienischer Kollege Alberto Pollio noch einig gewesen, dass, so Pollio, «der Dreibund in einem Kriege wie ein einziger Staat handeln müsse». Aber Pollio war am 28. Juni überraschend gestorben, und sein Nachfolger, Luigi Cadorna, wurde erst einen Monat später ernannt. Der General war für den Zweibund eine «unbekannte Größe», obwohl von Rom aus berichtet wurde, der neue Generalstabschef «übernimmt alle Verpflichtungen, welche Pollio eingegangen» war. Doch das war nicht der Fall. Der Bündnisfall ergab sich laut Vertrag nur, falls eines der drei verbündeten Länder angegriffen wurde. Für Italiens Politiker stellte sich im Juli 1914 der *casus foederis* nicht, urteilte man doch hier, Wien habe die Krise heraufbeschworen. Für die deutsche Kriegsplanung war dies zwar enttäuschend, aber Moltke versuchte noch, das Beste aus der Situation zu machen, und informierte den deutschen Kanzler am 2. August, es komme ihm «nicht darauf an, dass Italien uns mit starken Kräften aktiv unterstützt, sondern darauf, dass der Dreibund als solcher im Kriege geschlossen auftritt. Das ist erreicht mit der geringst denkbaren Truppenentsendung.» Aber auch diese wurde dem Zweibund nicht gewährt. Nun rächte es sich, dass man Italien Anfang Juli nicht als ebenbürtigen Partner behandelt und von dem geplanten Ultimatum unterrichtet hatte. Selbst wenn der italienische Generalstab mit den Dreibundpartnern hätte kooperieren wollen – dies wäre von der italienischen Regierung nicht befürwortet worden (und auch nicht von der Bevölkerung, in der eine österreichfeindliche Stimmung herrschte).

Und auch hier spielte Großbritanniens Haltung eine ausschlaggebende Rolle. Weil Italiens lange Küste einem feindlichen Großbritannien im Kriegsfall eine offene Angriffsfläche bot, wäre Italien auch bei Entfallen aller obigen Gründe ohnehin nur unter der Bedingung britischer Neutralität in einen Krieg gezogen. Unter diesem Gesichtspunkt spielte es keine Rolle, dass Rom erst am 3. August offiziell seine Neutralität verkündete. Denn es war für die Doppelmonarchie und Deutschland bereits seit Längerem absehbar, dass man mit der Unterstützung der italienischen Armee nicht werde rechnen können. Aber für den Ausgang der Krise war nicht Italiens Neutralität ausschlaggebend, sondern Belgiens neutraler Status, der nun von Deutschland bedroht wurde und für den man sich in Großbritannien entscheiden würde, in den Krieg zu ziehen.

6. Mobilmachungen und der Ausbruch des Weltkrieges

Während die Politiker noch über Neutralität oder Feindschaft der anderen Großmächte spekulierten und ihre Bemühungen darauf konzentrierten, sich in eine möglichst vorteilhafte diplomatische Situation zu manövrieren, arbeiteten die Militärs an ihren Mobilmachungsplänen und versuchten, zum bestmöglichen Zeitpunkt und so gut vorbereitet wie eben möglich in den bevorstehenden Krieg einzutreten. In den Generalstäben und Kriegsministerien der Großmächte war man wenig erpicht auf Verhandlungen und Deeskalation. Schließlich hatte man sich schon seit Jahren auf einen großen Krieg vorbereitet. Nur musste man sehen, dass man für diesen zur rechten Zeit mobilisierte und sich einen Vorsprung vor den anderen Mächten sicherte.

Dies war vor allem für Deutschland und für Russland entscheidend; zu früh zu mobilisieren würde das Odium der Verantwortung für den Krieg mit sich ziehen; zu spät, und der Feind würde einen unaufholbaren Vorsprung erringen. Bethmanns Kalkül war ganz darauf ausgerichtet, Deutschland als Angegrif-

fenen erscheinen zu lassen, um die eigene Bevölkerung, aber auch
Großbritannien von Deutschlands Unschuld zu überzeugen, denn
einen Angriffskrieg hätte die Bevölkerung niemals unterstützt.
Das Kalkül mag zu seiner Zeit aufgegangen sein. Dennoch steht
fest, dass Österreich-Ungarn und Deutschland 1914 zuerst angegriffen haben und dass es Berlin zwar gelang, als angegriffene
Partei zu erscheinen, dass wir uns aber hundert Jahre später von
dieser Propaganda nicht mehr täuschen lassen sollten. «Stimmung
glänzend», schrieb Admiral von Müller am 1. August, als man
in London noch versuchte, den Kriegsausbruch zu vermeiden,
in sein Tagebuch. «Die Regierung hat eine glückliche Hand
gehabt, uns als die Angegriffenen hinzustellen.» An diesem Tag
hatte Wilhelm II. seinen Untertanen in einer Rede vom Berliner
Schlossbalkon erklärt: «Neider überall zwingen uns zur gerech-
ten Verteidigung. Man drückt uns das Schwert in die Hand.»

Es ist oft behauptet worden, der Ausbruch des Weltkrieges sei
auf die Abfolge von Mobilisierungen zurückzuführen und habe
sich dann quasi automatisch oder beinahe wie von allein ergeben.
Besonders in den zwanziger Jahren galt es auf deutscher Seite
als ausgemacht, dass es Russlands Entscheidung für eine Mobilmachung gewesen sei, die den Ausbruch des Krieges unvermeidbar machte. Später wurde der Mobilmachungsautomatismus,
in dem eine Mobilisierung zwangsläufig eine andere nach sich
zog, Teil der apologetischen Unfallthese der Zwischenkriegszeit: Es wurden nicht mehr die Handlungen einiger Regierungen
für den Kriegsausbruch verantwortlich gemacht, sondern das
Bündnissystem an sich, in dem wie in einem Dominospiel eine
Entscheidung eine ganze Reihe unvermeidlicher Reaktionen nach
sich zog. Es stimmt, dass auch in den anderen Hauptstädten
Mobilisierungsvorbereitungen getroffen wurden. In Serbien veranlasste man die Mobilisierung der eigenen Armee, drei Stunden
bevor die Antwort an Giesl übergeben wurde. Dies nutzte Wien
zum Vorwand, es sei zur eigenen Mobilisierung gezwungen gewesen. «Wir hatten vorher keine militärischen Vorbereitungen
getroffen, wurden aber durch die serbische Mobilisierung zu
denselben in großem Ausmaße gezwungen», erklärte Berchtold
dem Botschafter Mensdorff in London – nicht ganz wahrheits-

gemäß, denn man hatte zum Beispiel schon am 19. Juli die Truppenübungen in Bosnien, Herzegowina und Dalmatien abgesagt. Am 23. Juli hatten Flusskriegsschiffe (sogenannte Donaumonitore) Budapest «unbeachtet» verlassen, «um sich auf ihren Posten bei Semlin zu begeben», wie der deutsche Generalkonsul aus Budapest meldete. «Von den militärischen Maßnahmen erfuhr das Publikum nichts.» Man hatte es aber ausgeschlossen, die österreichisch-ungarische Armee mobilzumachen, bevor nicht Serbiens Antwort bekannt war, vor allem weil man um die Moral der Truppe fürchtete, sollte die Sache doch wieder im Sande verlaufen.

Aber die in Belgrad und Wien getroffenen Maßnahmen bezogen sich nur auf einen Balkankonflikt. Die Kontroverse während und nach der Krise aber dreht sich um die Mobilisierungen, die zum Ausbruch des europäischen Krieges beitrugen, also hauptsächlich diejenigen Russlands und Deutschlands, und Russland fiel dabei die Schlüsselrolle zu. Auch in einigen der neuesten Untersuchungen zum Thema wird dessen früher Entschluss zur Teilmobilmachung als kriegsfördernd hervorgehoben; McMeekin folgert sogar, dass Mobilmachungsmaßnahmen bereits am 25. Juli begannen, und in der Tat hatte Paléologue an diesem Tag nach Paris berichtet, «geheime Vorbereitungen» seien in Gang gesetzt. Unbestritten ist, dass der Ministerrat bereits am 24. Juli in Petersburg in einer entscheidenden Sitzung die ersten Schritte auf dem Weg zur Mobilmachung (Kriegsvorbereitungsperiode) beschlossen hatte (umstritten ist hingegen, was dies praktisch bedeutete). Der Ministerrat ersuchte die Erlaubnis des Zaren, in vier nicht an Deutschland grenzenden Militärbezirken (Kiew, Odessa, Moskau und Kazan) sowie für die Baltische und Schwarzmeerflotte die Mobilmachung ausrufen zu dürfen, «abhängig von weiteren Entwicklungen der Dinge». Dies sollte Russlands Entschlossenheit demonstrieren, Serbien im Falle eines Angriffs von Österreich-Ungarn beizustehen. In Petersburg, wo man klar hinter Österreich-Ungarn eine deutsche Mittäterschaft erkannte, ging man davon aus, dass Serbien, sollte es die Bedingungen akzeptieren, praktisch zum Schutzgebiet der Mittelmächte würde. Dies war mit Russlands Prestige nicht zu vereinbaren. Sobald der Zar die geforderte Teilmobilmachung genehmigte, war demnach «ein europäischer Konflikt möglich», denn in Wien galt ein Krieg gegen Serbien ja bereits, wie wir wissen, als beschlossene Sache, und für Berlin stand fest, dass es Österreich-Ungarn zur Seite stünde, falls Russland sich in den Konflikt auf dem Balkan einmischen würde.

Allerdings ist es «nicht einfach zu sehen, wie Russland hätte anders handeln können» (Dominic Lieven). Die Petersburger Regierung sah sich in der Beschützerrolle Serbiens und fühlte sich deshalb gezwungen, Wiens Provokation gegenüber Belgrad zurückzuweisen, ebenso wie man es in Österreich-Ungarn als zwingend empfand, sich gegen Serbiens Provokation zur Wehr zu setzen. Nicht zu reagieren, das wäre einem Verlust an Prestige und nationaler Ehre gleichgekommen. So erklärte der russische Finanzminister Peter Bark, Russland werde, wenn es zulasse, aus dem Balkan gedrängt zu werden, «als verfallender (*decadent*) Staat angesehen und [hätte] von jetzt an einen zweiten Platz unter den Mächten einzunehmen». Nichts anderes befürchtete man auch in Wien, und auch in allen übrigen europäischen Hauptstädten nahm die Sorge um Prestige und Großmachtstatus eine große Rolle ein bei den in der Julikrise getroffenen Entscheidungen. Es hat durchaus tragische Züge, dass diese Angst vor dem Ansehensverlust ein Grund für den Kriegsausbruch war – besonders in Anbetracht der Tatsache, dass sowohl Russland, Österreich-Ungarn als auch Deutschland ihr Prestige – und ihr Reich – als Resultat des Ersten Weltkrieges verlieren würden, in den sie gezogen waren, um ebendiesen Status zu erhalten.

Vor dem Krieg jedenfalls war Sasonow der Ansicht, dass Russlands «Prestige auf dem Balkan völlig zusammenbrechen» würde, sollte es sich nachgiebig oder kompromissbereit zeigen. Agrarminister Krivoshein war der Meinung, dass «die einzige Hoffnung, Einfluss auf Deutschland zu nehmen, darin bestand, ihm durch entschlossenes Auftreten zu zeigen, dass wir ans Ende der Konzessionen gekommen waren, die wir zu machen bereit waren». Russlands Haltung brachte er dabei auf den Punkt: «In jedem Fall sollten wir alle Schritte unternehmen, die es uns ermöglichen würden, einem Angriff entgegenzusehen.» Das bedeutete also mobilzumachen, um für den eventuellen Verteidigungsfall bereit zu sein. Russland würde Deutschland zwar nicht angreifen, aber alle Vorbereitungen treffen, um in dem Krieg, der unvermeidlich schien, eine möglichst gute Ausgangsposition zu haben.

Am folgenden Morgen nahm der Zar den Vorschlag des Ministerrates an, und am Abend des 25. Juli entschieden die Minister in einer weiteren Sitzung, dass am nächsten Tag die «Periode der Kriegsvorbereitung» beginnen sollte; das Äquivalent zu dem in Deutschland für den Kriegsfall zu verkündenden «Zustand drohender Kriegsgefahr». Am 26. Juli wurde die Teilmobilmachung von vier Militärdistrikten bestätigt. Reservisten wurden einberufen, darunter die «drei jüngsten Klassen von Reservisten in Gegenden, die vom Feind bedroht waren», Festungen in Alarmbereitschaft versetzt, Häfen vermint, Pferde beschlagnahmt. Paléologue bemerkte am Abend des 25. Juli bereits am Petersburger Bahnhof, «das sieht ganz nach Mobilisierung aus». Der frühe Zeitpunkt dieser Maßnahmen erklärt sich dadurch, dass das riesige Russische Reich für die Mobilisierung seiner Truppen viel länger brauchte als Deutschland oder Österreich-Ungarn. Für die komplette Mobilmachung der Armee würde man vom ersten Mobilmachungstag an volle 26 Tage benötigen; die deutsche Mobilmachung hingegen vollzog sich in nur 13 Tagen.

Um die Krise nicht noch zu verschärfen, wollte Sasonow nur eine Teilmobilisierung verkünden, denn eine solche machte in seinen Augen einen Krieg noch nicht unvermeidlich. Dass sie allerdings technisch gar nicht machbar und von der Armee weder vorgesehen noch geplant war, versäumten die Militärs, besonders Generalstabschef Yanushkevitsch und Kriegsminister Sukhomlinov, den Politikern zunächst mitzuteilen. Erst am 26. Juli gelang es dem Generalstab, Einwände gegen die beschlossene Teilmobilisierung vorzubringen. Auch diese Frage der möglichen oder unmöglichen Teilmobilmachung ist in der Forschung weiterhin umstritten. Fest steht allein, dass die Einwände des Generalstabs berechtigt waren und nicht bloß einen Vorwand darstellten, um auf der Grundlage einer vollen Mobilmachung Krieg zu beginnen. So war eine Mobilisierung ohne den Warschauer

Distrikt etwa tatsächlich unmöglich, denn dort verliefen strategisch wichtige Eisenbahnlinien. Eine Teilmobilmachung war demnach zwar politisch erstrebenswert, aber militärisch letztlich nicht durchführbar. Das war, wie wir sehen werden, in Deutschland nicht anders.

Die Entscheidung über Krieg oder Frieden aber stand noch aus. Sie fiel in Wien, als man dort am 28. Juli Serbien den Krieg erklärte. Der erste Dominostein war damit gefallen, und die Kriegserklärung wurde in Petersburg zum Anlass genommen, umgehend die Mobilmachung von zwölf Armeekorps zu beschließen. Am nächsten Tag drängten Sasonow und die militärische Leitung auf die Generalmobilmachung, aber die Entscheidung wurde noch mehrmals verworfen, weil Zar Nikolaus weiterhin bemüht war, den Kriegsausbruch zu verhindern. Außerdem wollte man auch in Petersburg darauf hinwirken, dass London die Entente unterstützte, und hatte deshalb versucht, alle militärischen Vorbereitungen so geheim wie möglich zu halten. In der Tat schien dies zumindest teilweise geglückt zu sein, denn in London war über Russlands Maßnahmen weniger bekannt als in Berlin. Als der Zar aus Berlin persönliche Telegramme von seinem Cousin Wilhelm II. erhielt, die noch Hoffnung auf die Möglichkeit einer friedlichen Beilegung der Krise zuließen, verweigerte er der vom Ministerrat unter Druck der Militärs empfohlenen Gesamtmobilmachung seine Zustimmung. Was man in Petersburg nicht ahnen konnte: Der Telegrammwechsel war von Bethmann Hollweg mit einem klaren Ziel inszeniert worden – den Russen die Schuld für den Kriegsausbruch zuzuschieben. Am 28. Juli schickte der Kanzler seinen Entwurf an den Kaiser, versehen mit der Erklärung, ein solches Telegramm werde, «wenn es dann doch noch zum Kriege kommen sollte, die Schuld Russlands in das hellste Licht setzen».

Der in englischer Sprache durchgeführte «Willy-Nicky»-Telegrammwechsel begann noch am selben Tag, dem 28. Juni. Er zeigt, dass auch zu diesem späten Zeitpunkt die Würfel noch nicht gefallen waren, denn der russische Monarch war auch jetzt noch um Verständigung bemüht, sehr zum Missfallen seiner Berater. Er «vertraue auf Deine Weisheit und Freundschaft», versicherte der Zar dem Kaiser, der allerdings immer noch nicht aufrichtig an einer friedlichen Lösung interessiert war. Aber die Hoffnung, dass Deutschland den Verbündeten noch aufhalten könnte, zerschlug sich, als der deutsche Botschafter Pourtalès am 29. Juli dem russischen Außenminister eine Warnung aus Berlin vorlas, dass «wenn Russland seine militärischen Vorbereitungen fortsetzen werde, auch ohne zur Mobilmachung zu schreiten, Deutschland sich genötigt sehen werde mobilzumachen». In diesem Fall würde ein «sofortiger Angriff erfolgen». Diese Aufforderung stand nicht nur im Widerspruch zu Kaiser Wilhelms Telegramm, sie war auch unvereinbar mit Deutschlands Operationsplan, denn dieser sah keinerlei sofortigen Angriff im Osten vor.

In Berlin war man uneins, wie auf die partielle Mobilmachung in Russland zu reagieren sei. Auch hier standen, ähnlich wie in Petersburg, die Forderungen der Militärs im Gegensatz zu den Wünschen der Diplomaten. Als Nikolaus II. in seinem Antworttelegramm unbeholfenerweise den Eindruck erweckte, Russlands Mobilmachung sei schon fünf Tage zuvor beschlossen worden (es waren ja nur vorbereitende Maßnahmen gewesen), reagierte Wilhelm entsetzt. Bethmann Hollweg war aber immer noch nicht der Meinung, Deutschland solle ebenfalls mobilmachen, denn Sasonow hatte dem deutschen Botschafter versichert, dass «die Mobilisierung Russlands noch nicht den Krieg bedeute, der Bündnisfall noch nicht gegeben sei». Der Kanzler erklärte: «Wir müßten aber das Eintreten dieses Falles abwarten, weil wir sonst die öffentliche Meinung weder bei uns noch in England für uns haben würden.»

In Petersburg drängten Nikolaus' Berater am 30. Juli darauf, es sei nun wirklich höchste Zeit, dass der Zar die allgemeine Mobilisierung der russischen Armee befehle. Der Generalstabschef Nikolaj Januschkewitsch bat Sasonow leidenschaftlich, er möge den Zaren zur Generalmobilmachung überreden, bevor deren Erfolg durch die bereits in Gang gesetzte Teilmobilisierung infrage gestellt werde. Sobald er die Genehmigung des Zaren eingeholt habe, solle der Minister ihn umgehend vom Peterhof anrufen, damit die erforderlichen Schritte unverzüglich eingeleitet werden könnten. Das hieße, zunächst die unglückliche

Teilmobilmachung zu unterbrechen und neue Befehle zu geben. «Danach werde ich fortgehen, mein Telefon zerschlagen und allgemein Schritte ergreifen, die jeden daran hindern werden, mich zu finden, dessen Zweck es ist, mir gegenteilige Befehle zu geben, die unsere Generalmobilmachung wieder stoppen würden.»

Während es in Petersburg zu diesen dramatischen Szenen kam, herrschte in Berlin eine kaum weniger angespannte Situation. Dort hatte man allerdings von den heimlichen Maßnahmen in Russland schon ab dem 25. Juli gewusst und seitdem fieberhaft auf die öffentliche Ankündigung der russischen Mobilmachung gewartet. Denn Kriegsminister Erich von Falkenhayn hatte bereits für den 28. Juli die Ausrufung des Zustands drohender Kriegsgefahr verlangt, eine Maßnahme, die innerhalb von 36 Stunden zu Truppenbewegungen geführt hätte. Nach langen Debatten konnte man sich in Berlin dann endgültig darauf einigen, dass die Mobilmachung am 31. Juli um 12 Uhr erklärt werden und am nächsten Tag in Kraft treten sollte. Nun hoffte man inständig, Russland möge seine Mobilmachung zuvor bekannt geben, um den gewünschten Anschein zu erwecken, die deutsche Mobilmachung sei die Antwort auf die russische Generalmobilmachung, denn man wollte Petersburg ja die Verantwortung für die Eskalation der Situation zuschieben.

Man hatte sich auf eine Frist geeinigt. Berlins angespanntes Warten war von Erfolg gekrönt: Kurz vor 12 Uhr mittags am 31. Juli wurde bestätigt, dass Russland die Generalmobilmachung erklärt hatte. Deutschland rief um 12.30 Uhr den «Zustand drohender Kriegsgefahr» aus. Gleichzeitig «erbat und erhielt [der Kanzler] die Genehmigung zu zwei telegraphischen Anfragen in Petersburg und Paris».

Bethmann Hollweg beauftragte Lichnowsky in London, er möge Grey wissen lassen, «obgleich wir selbst keinerlei Mobilmachungsmaßregeln getroffen hatten, hat Rußland heute Mobilmachung seiner ganzen Armee und Flotte, also auch gegen uns verfügt». Deutschland hatte, so erklärte der deutsche Kanzler, Russland ein Ultimatum gestellt. Wenn es nicht «binnen 12 Stunden alle Kriegsmaßnahmen gegen uns und Österreich einstellt», würde in Deutschland die Mobilmachung folgen.

Diese «Anregung» der Deutschen wurde, so Grey in seiner Antwort, von den Russen «als Drohung» aufgefasst (was sie ja ganz offensichtlich auch war). Gleichzeitig wurde auch Frankreich ein Ultimatum gestellt. Sollte Paris, «wie wir nicht annehmen», neutral bleiben wollen, benötigte Berlin «als Pfand für Neutralität Überlassung der Festungen Toul und Verdun [...] die wir besetzen und nach Beendigung des Krieges mit Rußland zurückgeben würden». Man räumte Paris eine 18-stündige Frist für eine Antwort ein. Erwartungsgemäß wurden beide Ultimaten abgelehnt – und von nichts anderem war man auf deutscher Seite ausgegangen. Die Motivation war auch hier wiederum, den noch schwankenden Grey auf Deutschlands Seite zu ziehen.

Die Gesamtmobilmachung in Russland am 31. Juli machte zwar einen Krieg wahrscheinlicher, aber sie war nicht der *Grund* für den Ausbruch des Krieges. Russlands Armeen konnten, einmal mobilgemacht, auf unbegrenzte Zeit hinter der Front verharren und im Zweifelsfall auch wieder demobilisiert werden. Ganz anders verhielt es sich mit der deutschen Mobilmachung, die von den Zwängen des sogenannten Schlieffenplans bestimmt war. Dieser Aufmarschplan, 1906 von Alfred von Schlieffen als «Testament» seinem Nachfolger Helmuth von Moltke vermacht und von diesem in den nächsten Jahren den sich ändernden internationalen Gegebenheiten angepasst, war Deutschlands Antwort auf das Problem, wie ein Zweifrontenkrieg gegen zahlenmäßig überlegene Gegner gewonnen werden könne. Das franco-russische Bündnis ließ kaum einen Zweifel daran, dass man im Ernstfall gegen Frankreich und Russland würde kämpfen müssen. Schlieffen und Moltke wussten jedoch, dass die deutschen Armeen nicht stark genug waren, einen Krieg gegen beide Gegner gleichzeitig zu führen. Daher verfiel man auf den Gedanken, den bevorstehenden Krieg an zwei Fronten gewinnbar (und, wenn möglich, kurz) zu machen, indem man sich zunächst auf einen der beiden Feinde, Frankreich im Westen, konzentrieren würde. Diesen galt es «entscheidend zu schlagen», damit man danach die siegreichen Truppen gen Osten schicken konnte, um dort mit der russischen «Dampfwalze» fertig zu werden.

Der Plan war in Umrissen, wenn auch nicht im Detail auch der zivilen Reichsleitung bekannt. So schrieb Moltke im Dezember 1912 etwa in einer Denkschrift: «Um aber gegen Frankreich offensiv zu werden, wird es nötig sein, die Belgische Neutralität zu verletzen. Nur bei einem Vorgehen über Belgisches Gebiet kann man hoffen, das Französische Heer in freiem Felde angreifen und schlagen zu können.» Dies würde zwar zusätzliche Feinde schaffen, aber das britische Expeditionskorps und die belgische Armee würde man schlagen können und sich nach einem schnellen Sieg im Westen dem langsamer mobilisierenden, dann aber zahlenmäßig stärkeren Russland zuwenden können, dessen Truppen in den ersten Kriegswochen von wenigen deutschen und österreichischen Truppen in Schach gehalten werden können. So lautete in groben Umrissen der Schlieffen- oder besser: Moltkeplan, der nun Ende Juli 1914 zum Einsatz kommen sollte. Für sein Gelingen war er auf einen Überraschungseffekt angewiesen: Deutschlands Truppen mussten noch vor offizieller Kriegserklärung in das neutrale Luxemburg und Belgien einmarschieren, um die strategisch wichtigen belgischen Festungen und Eisenbahnstrecken für den Aufmarsch des Millionenheeres zu sichern. Von ganz besonderer Bedeutung war das stark befestigte Lüttich, das es galt im Handstreich zu nehmen. Daraus ergaben sich gewaltige logistische Probleme: 600 000 Mann der 1. und 2. deutschen Armee plus Pferde, Ausrüstung und Verpflegung mussten 1914 durch ein nur wenige Kilometer breites Nadelöhr nach Belgien einmarschieren. Außerdem verhinderte der frühe Marsch der deutschen Truppen nach Luxemburg und Lüttich, dass sich die Diplomaten vielleicht in letzter Minute doch noch am Konferenztisch einigten (für die Militärs kein unerwünschter Nebeneffekt!). Des Weiteren wurde, wie wir noch ausführlicher sehen werden, auf diese Weise auch für Großbritannien der perfekte Vorwand geschaffen, in den kontinentalen Krieg einzugreifen und das bis dahin gespaltene Kabinett sowie die Bevölkerung für den Krieg zu gewinnen.

In einer Hinsicht war Deutschlands Mobilmachung also qualitativ anders als die der anderen Großmächte; einmal beschlossen, war ein Krieg besiegelte Sache, denn mit ihr einher ging – noch ehe eine Kriegerklärung erfolgt war –, dass deutsche Truppen sofort in Richtung Luxemburg und Belgien marschieren und deren Neutralität verletzen würden. Bei diesem Vorgehen waren diplomatische Lösungen in letzter Minute ausgeschlossen. Im Unterschied zu Russland und Frankreich, die erforderlichenfalls eine Mobilmachung aussprechen, aber an den Grenzen hätten haltmachen und sich auch wieder gegen einen Krieg entscheiden können, war die deutsche Entscheidung unwiderruflich und unumkehrbar. Krieg war ihre zwangsläufige Konsequenz.

Der Schlieffenplan hatte noch eine andere Folge: Österreich-Ungarns Krieg mit Serbien wurde für Deutschland zum Nebenschauplatz. Denn sobald 1914 der deutsche Aufmarsch begonnen hatte, stand fest, dass der wirklich wichtige Krieg Deutschlands gegen Frankreich (mit oder ohne Großbritannien) und Russland stattfinden würde, und man erwartete nun von seinem Verbündeten Unterstützung gegen das starke Russland. Am 31. Juli teilte Wilhelm II. Kaiser Franz Joseph mit, er habe die Mobilmachung angeordnet; der erste Tag der Mobilmachung werde der 2. August sein. Wilhelm sei «bereit, in Erfüllung meiner Bündnispflichten sofort den Krieg gegen Russland und Frankreich zu beginnen». Umgekehrt müsse nun aber Österreich-Ungarn «seine Hauptkräfte» gegen Russland einsetzen «und sich nicht durch gleichzeitige Offensive gegen Serbien» zersplittern. Dies sei «um so wichtiger, als ein großer Teil meines Heeres durch Frankreich gebunden sein wird». Dies war in der Tat der Fall, denn der deutsche Plan sah ja vor, dass ein Großteil des deutschen Heeres im Westen aufmarschieren und nur geringe Truppenzahlen im Osten eine defensive Stellung einnehmen sollten, bis man sie durch erfolgreiche Truppen aus dem Westen verstärken konnte. Und so meinte der Kaiser, sicherlich nicht zur Freude der Österreicher: «Serbien spielt in dem Riesenkampfe, in den wir Schulter an Schulter eintreten, eine ganz nebensächliche Rolle, die nur die allernötigsten Defensivmaßregeln erfordert.»

Es waren nur wenige Wochen seit der «Schandtat» von Sarajewo vergangen, und schon war man also an einen Punkt gelangt, an dem der vorgebliche Kriegsgrund – Serbiens Provokation Österreich-Ungarns – kaum noch eine Rolle spielte. Nun sollte der Krieg zu Deutschlands Bedingungen und an seinen Grenzen geführt werden. Kein Wunder, dass sich Conrad hierüber «pikiert» zeigte. Man hat in diesem Zusammenhang, sicher nicht zu Unrecht, von «einem Verrat an dem Verbündeten» gesprochen (Fritz Fellner); hatte man doch dem Bündnispartner Unterstützung in seinem Streit mit Serbien zugesagt, diese aber just in dem Moment, als sie benötigt wurde, wieder entzogen.

In Wien löste die Warnung aus Berlin, man solle dort den Krieg gegen Serbien jetzt aufgeben und stattdessen gegen Russland aufmarschieren, nicht nur blankes Erstaunen, sondern Entsetzen aus: «hätte sich D[eutschland] doch nur 24 St[unden] früher erklärt», beschwerte sich Conrad nicht ganz aufrichtig, so hätte er die Maßnahmen gegen Serbien noch ändern können. «Jetzt hat es uns in eine sehr schwierige Lage gebracht.» Und der deutsche Militärattaché notierte: «Zunächst pikierte Stimmung des Chefs, der sich schwer von seinem Operationsplan (8 Korps gegen S[erbien]) abbringen läßt», als der deutsche Wunsch, Österreich-Ungarn möge es «mit seiner ganzen Macht» im Krieg gegen Russland unterstützen, in Wien bekannt wurde.

Aber Franz Joseph sagte dem Verbündeten dennoch zu, man wolle «die überwiegenden Hauptkräfte gegen Russland» versammeln. Conrad indes war nicht bereit, «seinen» Krieg gegen Serbien aufzugeben, und aus Berlin kamen von Moltke, weit seine Kompetenzen überziehend, gleichzeitig ermutigende Nachrichten, dass Deutschland «unbedingt» mitgehen werde. Es wundert deshalb nicht, dass man sich in Wien fragte: «Wer regiert in Berlin? Bethmann oder Moltke?»

Jetzt schlug die Stunde der militärischen Planer, die schon seit Langem nach einem Vorwand gesucht hatten, um einen Krieg zu führen. In Berlin und Wien, in Petersburg, Paris und London bestanden sie darauf, dass ihre Kriegspläne durch baldige Mobilmachung zum Einsatz kamen. Allerdings ließen sich in Deutschland und Österreich die Politiker und Diplomaten schneller vom neuen Primat des Militärischen überzeugen als bei den Ententemächten, wo politische und diplomatische Argumente noch etwas länger im Vordergrund standen.

Zur Erinnerung: In Russland verzögerte der Zar die vom Militär dringend geforderte Generalmobilmachung, weil er aus den Telegrammen seines Cousins Wilhelm II. die irrtümliche Hoffnung schöpfte, dieser wolle den Krieg noch verhindern. In Paris mussten die französischen Truppen zehn Kilometer vor der Grenze zu Deutschland zum Stehen gebracht werden und die militärischen Planer hinter den Politikern zurückstecken, die durch Abwarten Londons Unterstützung zu gewinnen hofften und um jeden Preis den Anschein vermeiden wollten, Frankreich sei ein Aggressor. In Großbritannien wiederum war den Militärs jeder Einfluss auf die Außenpolitik versagt, und sie litten darunter, dass die Politiker es bei all ihrer Zögerlichkeit und Unentschlossenheit nicht einmal für nötig befanden, militärischen Rat einzuholen. Als am 31. Juli Russlands Generalmobilmachung ausgesprochen und Deutschlands noch für dieselbe Nacht angekündigt war, worauf Frankreichs Mobilmachung folgte – weitere Dominosteine waren somit gefallen –, notierte *Director of Military Operations*, General Henry Wilson, verbittert: «und wir taten nichts. [...] Ein schrecklicher Tag. Kein C. I. D. [*Committee of Imperial Defence*] wurde gehalten, keine militärische Meinung eingeholt von diesem Kabinett, das doch in der Kriegsfrage entscheidet.»

Für die Erhaltung des Friedens hatte sich Grey noch ein weiteres Mal am 31. Juli eingesetzt und die Regierungen in Paris und Berlin fragen lassen, ob sie bereit seien, die «Neutralität Belgiens so lange zu achten, wie keine andere Macht sie verletzt». Frankreich hatte diese Anfrage am 1. August positiv beantwortet; Deutschland hingegen hatte sie mit der Begründung abgelehnt, «die Reichsregierung könne unmöglich irgendeinen Vorschlag in Betracht ziehen, solange sie nicht von Russland eine Antwort auf ihre heutige Mitteilung erhalten habe». Gemeint war damit das zwölfstündige Ultimatum, das Berlin an Petersburg gerichtet hatte, mit der Bedingung, dass dieses seine Mobilmachung gegen Deutschland und Österreich-Ungarn widerrufen solle. Tatsächlich war es Berlin kaum möglich, den britischen Vorschlag anzunehmen, sollte doch jetzt der deutsche Aufmarschplan zum Einsatz kommen – und dieser störte sich

nicht an der belgischen Neutralität. In London notierte Eyre
Crowe resigniert: «Frankreich wird belgische Neutralität achten,
Deutschland nicht. Deutschland wird aber eine bestimmte Antwort hinausschieben, bis ein wirksames Eingreifen Englands zu
spät ist.» In Frankreich wollte man insbesondere Großbritannien gegenüber dafür sorgen, dass Deutschland sich als Aggressor entpuppte, und sich darauf berufen können, selbst den Krieg
nicht begonnen zu haben. Deutschland tat seinem Feind den
Gefallen, den Krieg zu beginnen – auch das eine Konsequenz des
Schlieffenplans.

Am 1. August, nachmittags um fünf, unterzeichnete der Kaiser – in letzter Minute, wie die Militärs empfanden – im Ster-
nensaal seines Berliner Schlosses die Mobilmachungsorder. Jetzt
konnten sich die deutschen Armeen endlich in Richtung Westen
aufmachen, um die strategisch wichtigen Knotenpunkte in Luxemburg und Belgien zu besetzen und ihren schnellen Siegeszug gegen Frankreich beginnen. Doch da erreichte Berlin von London
ein Telegramm des deutschen Botschafters, das doch noch britische Neutralität in Aussicht stellte, wenn Deutschland im Ge-
genzug Frankreichs Neutralität respektierte. Es war zu schön,
um wahr zu sein, meinten Kanzler und Kaiser, denn britische
Neutralität war ja immer ihr Bestreben gewesen. Und so gab es
auch in Deutschland noch einen Eingriff in die Militärplanung,
der die Geschehnisse hätte umkehren können, denn jetzt wollte
der Monarch – mit charakteristischem Meinungsumschwung –
in letzter Stunde doch noch einen großen Krieg vermeiden.

Der deutsche Botschafter, Lichnowsky, berichtete an diesem
1. August, er werde später mehr erfahren, habe aber bereits gehört, dass England neutral bleiben und Frankreichs Neutralität
garantieren werde «für den Fall, dass wir Frankreich nicht an-
griffen». Dementsprechend war Lichnowsky «dringend» und
noch während im Kabinett verhandelt wurde, von William
Tyrrell vom *Foreign Office* gebeten worden, zu erwirken, Deutschland möge von einer Verletzung der französischen Grenze ab-
sehen. In einem kurze Zeit später übermittelten zweiten Telegramm hieß es dann, London biete seine Neutralität womöglich
sogar an, «selbst wenn wir mit Russland und Frankreich im

Kriegszustand sind». Hatte sich damit Bethmann Hollwegs verzweifeltes Festhalten am Glauben an die Möglichkeit der britischen Neutralität etwa doch bewahrheitet? Die Nachricht aus London, so Lyncker, «schlug ein wie eine Bombe».

Der Kaiser ordnete daraufhin an, der deutsche Aufmarsch im Westen solle auf der Stelle angehalten werden, denn hier präsentiere sich die Möglichkeit, statt gegen drei Feinde nur gegen einen kämpfen zu müssen. «Nun brauchen wir den Krieg nur gegen Russland zu führen!», erklärte der Kaiser erleichtert. Moltke und Falkenhayn, die sich nach der Unterzeichnung der Mobilmachungsorder auf dem Weg zum Generalstabsgebäude befanden, wurden zurückgerufen und von der Änderung des Planes unterrichtet. «Zum allgemeinen Erstaunen erklärte Moltke, dass der Aufmarsch nach Westen nicht mehr aufzuhalten und dass trotz allem Frankreich mit Krieg überzogen werden müsste.» Moltkes eigene Aufzeichnungen von dieser «äußerst lebhafte[n] und dramatische[n] Diskussion» zeugen von seiner Erregung. «Der Aufmarsch eines Millionenheeres lasse sich nicht improvisieren, es sei das Ergebnis einer vollen, mühsamen Jahresarbeit und könne, einmal festgelegt, nicht geändert werden», erklärte Moltke, dem «zumute [war], als ob mir das Herz brechen sollte». Er erinnerte sich später: «Ich war wie gebrochen und vergoß Tränen der Verzweiflung»; er scheint eine Art Schlaganfall erlitten zu haben. «Gegen die Franzosen und die Russen will ich Krieg führen, aber nicht gegen einen solchen Kaiser», erklärte er seiner Frau. Seine heftige Reaktion ist verständlich, denn im Unterschied zum Kaiser kannte Moltke alle Details der ersten wichtigen Mobilmachungstage und wusste im Besonderen um die Wichtigkeit des Handstreichs auf Lüttich. Auch war die Besetzung Luxemburgs durch die 16. Division bereits für den ersten Mobilmachungstag, also den 2. August, vorgesehen und bereits angeordnet worden. Des Kaisers Befehl, einfach im Osten aufzumarschieren, bedeutete zunächst, die bereits auf dem Weg nach Luxemburg befindlichen 16. Division anzuhalten und mit dieser Order bereits den gesamten Aufmarschplan in Gefahr zu bringen. Aber auch des Kaisers Enttäuschung, «Ihr Onkel [also der 1871 siegreiche Generalfeldmarschall von Moltke] würde mir eine andere Antwort gegeben haben», ist verständlich, hing doch so viel – wenn nicht alles – von dieser Änderung des Plans ab. Immerhin schien sich hier doch noch eine Gelegenheit zu präsentieren, einen drohenden europäischen Krieg abzuwenden und zurückzukehren zu dem ursprünglich geplanten Balkankrieg, den man inzwischen ganz aus den Augen verloren hatte.

Leider erwies sich aber bald, dass die Nachrichten aus London auf einem Missverständnis beruhten, was besonders beim Kaiser das Gefühl, von Großbritannien verraten worden zu sein, nur noch verstärkte. Er erklärte dem nochmals zum kaiserlichen Schloss zurückgerufenen Moltke: «Nun können Sie machen, was Sie wollen.» Und genau das tat Moltke dann auch: «Ich fuhr sofort nach Hause und telegraphierte an die 16. Division, der Einmarsch in Luxemburg solle ausgeführt werden.» Am 1. August kam zwar aus England noch ein weiterer Vorschlag zur gütlichen Einigung: Er sah vor, Frankreichs und Deutschlands Armeen sollten sich mobilisiert an der Grenze gegenüberstehen, ohne diese zu überschreiten. Solange die deutsche Armee so in der Defensive bliebe, wäre London bereit, Neutralität zu wahren. In Frankreich hatte man beschlossen, keinesfalls als Erster die Grenze zu überschreiten oder den Krieg zu beginnen. Aber der Versuch aus London scheiterte an Deutschlands inflexiblem und auf Überraschung bedachtem Aufmarschplan, der ein Abwarten unmöglich machte.

Belgien hatte am 27. Juli die Teilmobilmachung, und am 31. Juli die Generalmobilmachung ausgesprochen, um stark zu erscheinen und sowohl Frankreich und Deutschland zu erklären, dass man sich einer Invasion des einen oder des anderen Land entschieden widersetzen würde.

Am 2. August stellte Deutschland Belgien ein zwöfstündiges Ultimatum: Entweder sollte es Deutschland erlauben, unbehelligt durch sein Gebiet marschieren zu dürfen (mit dem Versprechen, dass man Belgien später für alle Schäden kompensieren würde), oder es stelle sich auf die Seite von Deutschlands Feinden und habe dann auch die entsprechenden Konsequenzen zu tragen. Dieses fatale Ultimatum war bereits am 26. Juli vom Generalstabschef aufgesetzt worden – ein erstaunlicher Über-

griff des Militärs in die Politik – und befand sich seit dem
29. Juli in einem verschlossenen Umschlag im Besitz des deutschen Gesandten Below in Brüssel, der vom Auswärtigen Amt
instruiert worden war, die belgische Regierung «muss den Eindruck erhalten, als seien Ihnen sämtliche Weisungen in dieser
Art erst heute zugegangen».

In Großbritannien wurde Deutschlands Vorgehen mit Entsetzen aufgenommen und kommentiert. «Die Deutschen haben
mit fast österreichischer Grobheit *(crassness)* ein Ultimatum an
Belgien geliefert & sich auf deren Gebiet gedrängt, und der belgische König hat sich an uns gewendet», erklärte Premierminister Asquith seiner Geliebten, Venetia Stanley. Für die britische
Regierung stand nun einwandfrei fest, dass sie gegen Deutschland
Partei würde ergreifen müssen. Die Nachricht vom deutschen
Ultimatum an Belgien hatte zur Folge, dass sich das Unterhaus
und das Kabinett für den Krieg entschieden; so konnte erreicht
werden, dass lediglich zwei Kabinettsmitglieder zurücktraten
(John Burns und John Morley), die der Entscheidung nicht zustimmen konnten.

Grey erläuterte Großbritanniens schwierige Situation im House
of Commons am 3. August. Großbritannien werde «schrecklich
leiden in diesem Krieg, sosehr ich es bedauere, ob wir dabei sind
oder abseitsstehen». Aber Belgiens Schicksal würde die Briten
nicht kaltlassen und konnte der Bevölkerung gegenüber als
Erklärung dienen, warum man sich in diesen Krieg auf dem
Kontinent einmischen musste, auch wenn für das Kabinett der
ausschlaggebende Grund nicht Belgiens Schicksal, sondern Russlands zukünftige militärische Macht gewesen war. Und so konnte
der russische Botschafter Benckendorff erleichtert am 3. August
aus London berichten, die Stimmung dort habe sich seit der
deutschen Kriegserklärung an Russland am 1. August und der
Besetzung Luxemburgs durch deutsche Truppen einen Tag später
«plötzlich völlig verändert». Geplante Friedensdemonstrationen
hatten sich «in nichts» aufgelöst, und große Menschenmassen
hatten sich vor dem Buckingham Palace versammelt. Benckendorff war der Meinung, dass «die Friedenspartei erschöpft» sei.

In Brüssel entschied der Kronrat am 2. August einstimmig,

die deutschen Bedingungen abzulehnen, und der Beschluss wurde Deutschland um 7 Uhr morgens am nächsten Tag mitgeteilt. Wie Below berichtete, würde man in Belgien «jeder Verletzung seiner Neutralität mit Gewalt entgegentreten». Am frühen Morgen des 4. August marschierten deutsche Truppen in das neutrale Land ein, um – so war es im Schlieffenplan vorgesehen – einen schnellen Sieg über Frankreich zu erringen. Luxemburg war nach demselben Kalkül schon am 2. August von deutschen Truppen besetzt worden. Für die Entente-Mächte und, noch wichtiger, für deren Bevölkerungen stand außer Frage, dass Deutschland somit der Aggressor war. In dem Spiel, in dem jede Regierung darauf gewartet hatte, dass der Gegner den ersten Schritt in Richtung Krieg tat, war Deutschland eindeutig der Verlierer, denn es tat diesen ersten Schritt, indem es seine neutralen Nachbarn angriff. Niemand hätte ahnen können, dass die Ermordung des österreichischen Erzherzogs am 28. Juni den Einfall deutscher Truppen in Belgien zur Folge haben würde. Selbst in Deutschland waren nur wenige über die Feinheiten des deutschen Aufmarschplanes informiert; besonders der geplante Handstreich auf Lüttich, von dem letztendlich das Gelingen des gesamten Plans abhing, war nur wenigen Eingeweihten bekannt.

Dass eine Eskalation der Balkankrise zum Krieg zwischen den Großmächten die Missachtung der belgischen Neutralität zur Folge haben musste, wirkt tatsächlich zunächst überraschend oder unverständlich, war aber das Resultat einer militaristischen Politik in Deutschland, die einen zukünftigen Krieg von vornherein und schon von langer Hand für unvermeidlich gehalten und für dessen erfolgreiche Führung nur einen einzigen Plan entwickelt hatte. Ab 1913 war der bis dahin alternativ bearbeitete große Ostaufmarschplan unter der Prämisse aufgegeben worden, ein Krieg nur gegen Russland sei aufgrund der Feindschaft Frankreichs ausgeschlossen und man habe es im Kriegsfall zugleich mit den Verbündeten Russland und Frankreich zu tun. So kam es, dass ein Attentat auf dem Balkan einen europäischen Krieg – und später einen Weltkrieg – zur Folge hatte, dessen erste Kriegshandlungen (nach den ersten Kampfhandlungen zwischen Österreich-Ungarn und Serbien) weit vom Balkan entfernt in Belgien stattfanden.

Im Nachhinein erscheinen uns die Ereignisse Ende Juli und Anfang August 1914 als schicksalsschwer. Die Zeitgenossen erlebten diese letzten Friedenstage hingegen als weniger dramatisch. So notierte Franz Kafka am 2. August in seinem Tagebuch: «Deutschland hat Russland den Krieg erklärt. – Nachmittags Schwimmschule.» Die Europäer, die die Julikrise erlebten, konnten natürlich nicht ahnen, was für ein monströser Krieg daraus entstehen würde. Manche sahen in dem Krieg ein nicht zu vermeidendes Übel – andere sogar ein freudiges Ereignis. So schrieb Kriegsminister Erich von Falkenhayn am 31. Juli in sein Tagebuch: «Selbst wenn wir darüber zugrunde gehen, schön war's doch!»

In den ersten Augusttagen wurde aus der Krise auf dem Balkan ein Weltkrieg. Nach Russlands und Deutschlands Mobilmachungen und Kriegserklärungen war eine Entscheidung in London, die Sir Edward Grey bisher vermieden hatte, unausweichlich geworden. Am 2. August traf sich das Kabinett gleich zweimal. Morgens war man noch unentschlossen, und eine kleine Gruppe von Politikern war, wie Asquith später notierte, immer noch «gegen jede Art von Intervention in jedem Fall». Die Entscheidung für eine Unterstützung der Entente-Länder, die dann am Nachmittag in einer zweiten Sitzung fiel, beruhte vor allem auf der Tatsache, dass man letztendlich in Whitehall ein feindliches Deutschland weniger fürchtete als ein feindliches Russland, welches nach einem siegreichen Krieg auf dem Kontinent ohne die Unterstützung des englischen Entente-Partners zweifellos als Nächstes Indien bedroht hätte.

Nicht jedes Kabinettsmitglied war von Greys Argumenten überzeugt. Die Irlandkrise und die Suffrageten wurden noch immer als ernstere Bedrohung gesehen, und Europa, jenseits des Kanals, schien Großbritannien nicht wirklich zu betreffen, und so argumentierte eine kleine Fraktion im Kabinett gegen einen Kriegseintritt. Letztendlich war Großbritannien in einer unmöglichen Situation: Den Entente-Partner Frankreich und dessen Verbündeten Russland im Stich zu lassen hieße, dass entweder ein siegreiches Deutschland die gesamte Kanalküste für sich beanspruchen und nach einem erfolgreichen Kontinentalkrieg ein formidabler Gegner für Großbritannien werden würde – oder dass ein siegreiches Russland, im Bewusstsein, von London verraten worden zu sein, sich später am britischen Weltreich schadlos halten könnte. Deshalb war Grey auch der Meinung, die Verantwortung nicht übernehmen zu können, falls sich das Kabinett nicht hinter seine Entscheidung stellen würde, und drohte mit seinem Rücktritt.

Deutschlands Einfall in Belgien lieferte zwar den offiziellen Anlass für die britische Kriegserklärung am 4. August, aber in den Diskussionen im Kabinett spielte Belgien keine große Rolle. Die Entscheidung für eine Unterstützung der Entente-Länder beruhte stattdessen vor allem auf der Tatsache, dass man letztendlich in Whitehall ein feindliches Deutschland weniger fürchtete als ein feindliches Russland. Mit einem solchen Argument oder gar wegen Serbien wäre die britische Bevölkerung allerdings kaum von dem Waffengang zu überzeugen gewesen. Das unglückliche Belgien eignete sich stattdessen hervorragend als Propagandavehikel, konnte man doch hier zeigen, dass sich Deutschland skrupellos über ein neutrales Land hermachte. Die Propaganda-Kampagne gegen den «deutschen Hunnen» war somit ein Grund für die überwältigende Anzahl an britischen Freiwilligen, die sich dann zum Kampf gegen die deutschen «Barbaren» bereitfanden. Reale und erfundene Gräueltaten, von deutschen Soldaten gegen belgische Zivilisten verübt, taten ein Übriges, um die Briten davon zu überzeugen, dass man keine andere Wahl hatte, als diesen Krieg zu führen.

Am gleichen Tag, dem 2. August, wurde Frankreichs Mobilmachung erklärt, aber den Truppen weiterhin untersagt, in feindliches Gebiet vorzustoßen. Nach wie vor wollte man warten, bis Deutschland sich als Aggressor entpuppte. Dies trat ein, als das Reich am 3. August Frankreich den Krieg erklärte, unter dem Vorwand von Falschmeldungen, nach denen französische Bomben über Nürnberg abgeworfen worden seien. Auf diesen deutschen Schritt hatte man in Paris nur gewartet. Deshalb notierte Poincaré dann auch am 3. August in seinem Tagebuch: «Niemals war eine Kriegserklärung mit so viel Genugtuung entgegengenommen worden.»

Am 4. August hatte man in London noch ein letztes Ultimatum an Berlin gerichtet und Berlin aufgefordert zu erklären, dass man Belgiens Neutralität respektieren werde. Diese Versicherung musste bis Mitternacht deutscher Zeit in London eingehen, wollte Deutschland den Kriegszustand mit Großbritannien noch vermeiden. Als am 4. August Big Ben abends die 11. Stunde schlug, war dieses Ultimatum abgelaufen, und Großbritannien erklärte nach bangem Warten Deutschland den Krieg. Große Volksmengen hatten sich außerhalb vom Buckingham Palace versammelt, um dort gemeinsam auf das Ablaufen der Frist zu warten. Die Erklärung, dass Großbritannien jetzt im Kriegszustand war, wurde mit Jubel begrüßt. In Deutschland erklärte der Kanzler im Reichstag, dass das Land den Krieg in Selbstverteidigung führe, und auch dem britischen Botschafter gegenüber wurde das gleiche Argument geliefert. Auch in Berlin wurde der Kriegsausbruch stürmisch begrüßt, ebenso wie in den anderen großen Städten Europas. Es gab allerdings nicht nur Jubel und Enthusiasmus, sondern auch vielerorts besorgte Stimmen, die einem Krieg mit Entsetzen entgegensahen.

Für die britischen und deutschen Staatsmänner war dieser 4. August kein Moment für Jubel. Bei der Gelegenheit der letzten, sehr emotionalen und tränenvollen Unterredung zwischen Bethmann Hollweg und dem britischen Botschafter Goschen, der seinen Pass verlangt hatte, weil sein Land jetzt mit dem Gastland im Kriegszustand war, kam es zu der berühmten Bemerkung des Kanzlers, dass Belgiens Neutralität nichts mehr sei als ein «Stückchen Papier». Damit meinte er den 1839 von den Großmächten unterzeichneten Vertrag, der Belgiens Neutralität garantierte. «Nur für ein Wort, ‹Neutralität›, ein Wort, das im Kriegsfall schon so oft unbeachtet geblieben war, nur für ein Stückchen Papier würde Großbritannien gegen eine gleichgesinnte Nation in den Krieg ziehen die nichts mehr möchte, als mit ihr befreundet zu sein», klagte der Kanzler, dessen risikoreiche Politik Deutschland in einen Zweifrontenkrieg verwickelt hatte. Bethmann Hollweg warf Großbritannien vor, verantwortlich zu sein «für all die schrecklichen Dinge, die geschehen konnten». Für den Kanzler war dieser 4. August das Ende seiner langen Versuche, eine deutsch-britische Detente zu schaffen und einen Krieg nur gegen die vermeintlichen wirklichen Feinde Deutschlands, also Russland und Frankreich, zu führen, und seine Enttäuschung kam in dieser «schmerzvollen» Unterhaltung zum Ausdruck. Auch Goschen war in Tränen aufgelöst, als er sich von Kanzler und Staatssekretär verabschiedete.

Voraussetzung für den deutschen Vormarsch in Richtung Belgien und Frankreich war die schnellstmögliche Eroberung der Festung Lüttich. 1915 erinnerte sich Moltke: «Die Festung mußte in unserer Hand sein, wenn der Vormarsch der 1. Armee überhaupt möglich werden sollte.» Aber es verlief von Anfang an nicht nach Plan. Lüttich wurde zwar erobert, aber es dauerte länger und verzehrte mehr Kräfte, als man gedacht hatte; ein schlechtes – und dementsprechend bezeichnendes – Omen vielleicht für einen Krieg, dessen Beginn und weiteren Verlauf so sicherlich niemand vorhergesehen hatte. Entgegen allen Planungen erwies es sich bekanntlich als unmöglich, Frankreich in vier bis sechs Wochen zu «vernichten». Obwohl öffentlich gerne verkündet wurde, man wolle im Herbst schon wieder zu Hause sein, hingen doch nur wenige Militärs tatsächlich der Illusion eines kurzen Krieges an. Und dennoch – einen Krieg von diesem Ausmaß und von dieser Länge konnte in ganz Europa niemand voraussehen. Die Verantwortung für diesen Krieg wog schwer und lastete auch auf den Militärs, die ihn so leichtfertig riskiert hatten. Dass sie sich dabei teilweise ohne Alternative sahen, entschuldigt die Entscheidungen, die getroffen wurden, sicher nicht. So schrieb Helmuth von Moltke im September 1914, als in Frankreich die schicksalhafte Marneschlacht tobte: «Welche Ströme von Blut sind schon geflossen, welcher namenlose Jammer ist über die ungezählten Unschuldigen gekommen, denen Haus und Hof verbrannt und verwüstet ist. – Mich überkommt oft ein Grauen, wenn ich daran denke, und mir ist zu Mute, als müßte ich dieses Entsetzliche verantworten, und doch konnte ich nicht anders handeln, als geschehen ist.»

Schlussbetrachtung

Als einer der letzten überlebenden britischen «Tommies» veröffentlichte Harry Patch Anfang des 21. Jahrhunderts seine Erinnerungen. Die Frage der Ursache des Krieges beschäftige ihn auch noch am Ende seines Lebens. «Als ich demobilisiert wurde, hatte ich alle Illusionen verloren», schrieb er viele Jahre später. «Ich habe nie verstehen können, warum mein Land mich von meiner friedlichen Arbeit rufen und mich dazu ausbilden konnte, nach Frankreich zu reisen und einen Mann zu töten, der mir völlig unbekannt war. Warum kämpften wir? Das habe ich mich oft gefragt. Am Ende des Krieges wurde der Frieden am runden Tisch ausgehandelt, warum zum Teufel konnten sie das nicht am Anfang machen, ohne Millionen von Männern zu verlieren?»

Zum hundertsten Jahrestag des Kriegsausbruchs wird diese Frage nach der Ursache der «Urkatastrophe des 20. Jahrhunderts» wieder verschärft gestellt. Historiker sprechen dabei heute nur noch selten von Kriegsschuld. Es wird auch kaum noch die Verantwortung einer einzigen Regierung hervorgehoben. Stattdessen wissen wir heute, dass in allen Hauptstädten der Großmächte wichtige und zum Teil verhängnisvolle Entscheidungen getroffen wurden. Wir wissen auch, dass vor allem den Militärs überall ein Krieg nicht ungelegen kam und es dem militärischen Denken der Zeit entsprach, einen solchen führen zu wollen.

Dennoch muss der Hauptteil der Verantwortung für den Kriegsausbruch nach wie vor in den Entscheidungen Österreich-Ungarns und Deutschlands verortet werden. Die Dokumente, auf die wir uns stützen können, beweisen eindeutig, dass diese beiden Großmächte es auf einen Krieg abgesehen hatten, bevor die Regierungen der anderen Großmächte überhaupt wussten, dass ein europäischer Konflikt bevorstand. Während

man in Petersburg und Paris durchaus bereit und vielleicht sogar erfreut war, die Gunst der Stunde zu nutzen, sollte sich der
Konflikt zwischen Österreich-Ungarn und Serbien nicht ohne
Krieg lösen lassen, zeigte man in Wien und Berlin an einer friedlichen Lösung von vornherein nicht das geringste Interesse, und
als man Ende Juli doch noch Furcht vor der eigenen Courage
bekam, war es zu spät, die Julikrise noch in andere Bahnen zu
leiten. So war man in Wien «niedergeschmettert», als es so aussah, als hätten die Serben die Bedingungen des österreichischen
Ultimatums wider Erwarten angenommen, denn, so erklärte der
österreichische Botschafter in London seinem deutschen Kollegen,
«man wolle in Wien unbedingt den Krieg, da Serbien ‹niederge-
begelt› werden solle». Die Quellen zeigen auch, dass die Konsequenzen der in Wien und Berlin getroffenen Entscheidungen fatal
waren, dass hier intrigiert und absichtlich getäuscht wurde und
dass Entscheidungen getroffen wurden, die bewusst darauf ab-
zielten, eine friedliche Lösung der Julikrise zu sabotieren. Natürlich ist es auch wichtig, den Grad der Verantwortung der Staatsmänner in Paris, Petersburg und London zu beleuchten; auch
hier können wir uns auf ungewöhnlich reiche Quellenfunde berufen. Es gab in der Julikrise 1914 nicht nur eine «schuldige»
Regierung unter den Großmächten; alle trugen durch ihre Entscheidungen absichtlich oder unabsichtlich zur Verschlechterung
der Situation bei. Aber die Verantwortung einiger Regierungen
war gravierender als die anderer, die Folgen der Entscheidungen
verhängnisvoller, die Absicht, einen Krieg vom Zaun zu brechen, stärker und daher auch letztendlich ausschlaggebender.

Wenn wir den Fokus neuerdings wieder auf die Handlungen
aller Großmächte legen, heißt das nicht, wie es in der Zwischenkriegszeit von David Lloyd George beschwichtigend behauptet
wurde, Europas Mächte seien hilflos in einen Krieg geschlittert,
den niemand gewollt habe. Wie wir gesehen haben, war dieser
Krieg nicht das Resultat von «professionellen Fehlern» einer
relativ kleinen Gruppe von Diplomaten, Politikern und Militärs
(Holger Afflerbach). Der Krieg war kein «Unfall», er war nicht
das Resultat von Fehlern oder Versäumnissen, und die Verantwortlichen von 1914 waren keine «Schlafwandler» (Christopher

Clark), sondern sie wussten im Gegenteil ganz genau, was sie taten. Der Krieg brach aus, weil einflussreiche Kreise in Wien und Berlin ihn herbeiführen wollten und ihn absichtlich riskierten und weil man in Paris und Petersburg bereit war, diesen Krieg zu führen, wenn er denn käme. Gewiss, es gab auch in Paris und Petersburg und zu einem viel geringeren Teil sogar in London im Juli 1914 Befürworter des Krieges, vor allem unter den Militärs. Aber die Entscheidung, im Sommer 1914 einen Krieg zu führen, war in Wien und Berlin getroffen worden. Hier übten die kriegslustigen Militärs den größten Einfluss auf ihre politischen und diplomatischen Kollegen aus, und deshalb betrachteten viele Diplomaten und Politiker das internationale System aus einer «aufs Militärische verengten Perspektive» (Sönke Neitzel).

Allerdings sucht man in der Julikrise vergeblich nach langfristigen konkreten Kriegszielen. In Wien war ein Krieg gegen Serbien regelrecht zum Mantra geworden, und man wartete nur noch auf die günstigste Gelegenheit für seinen Beginn. In Berlin, vom Kaiser zu einer forschen Außenpolitik ermutigt, suchte die deutsche militärische und politische Führung nun den Krieg zu führen, der sich schon lange am Horizont abzeichnete, für den ein fertiger Plan (den manche für ein Siegesrezept hielten) ausgearbeitet vorlag und den die Militärs wiederholt als jetzt noch gewinnbar dargestellt hatten. Die Zukunft war in ihren Augen ein immer wieder heraufbeschworenes Schreckgespenst, mit einem zur Untätigkeit verurteilten Deutschland, eingekreist von dem bevölkerungsreichen Russland und seinem revanchistischen Bündnispartner Frankreich. Hier bot sich vielleicht die letzte Chance, den Ring, der sich scheinbar um den Dreibund schloss, noch zu sprengen. Deutschlands österreichischer Verbündeter ist dabei keineswegs als ein Opfer der deutschen Politik zu betrachten, sondern tat sogar den ersten Schritt auf dem Weg zum Krieg. Gemeinsam betrieben die Mittelmächte eine Politik der Täuschung während der Julikrise, ausgerichtet auf einen Kriegsausbruch unter günstigen Voraussetzungen, solange für sie noch Aussichten bestanden, siegreich aus einem großen Krieg hervorzugehen. Es sind primär diese bewusste Täuschung des Aus-

lands und das Streben nach einem Krieg unter möglichst günstigen Voraussetzungen, die den Kriegsausbruch möglich machten.
Man kann deshalb auch noch hundert Jahre später mit Gewissheit zu dem Ergebnis kommen, dass der größte Teil der Verantwortung für die Eskalation der Julikrise beim Zweibund lag.

Dass das Attentat auf den Kronprinzen der Auslöser für den
Krieg werden konnte, war das Resultat von Entscheidungen in
Wien und Berlin. Dass dieser Krieg jedoch kein lokalisierter
dritter Balkankrieg bleiben konnte, lag zum einen an Deutschlands fatalem Aufmarschplan, aber auch an der in Belgrad,
Petersburg und Paris früh gefassten Meinung, dass man Wiens
Provokation nicht stillschweigend hinnehmen werde und Serbien
die Bedingungen aus Wien nicht im Ganzen annehmen müsse.
Dabei waren alle Handelnden auf das Prestige und den vermeintlichen Großmachtstatus ihres Landes bedacht. Für uns ist dieses
Denken nur schwer nachvollziehbar, für Zeitgenossen allerdings
war es selbstverständlich, dass Nationen getreu sozialdarwinis-
tischen Vorstellungen ihren Rang unter den Großmächten verlieren konnten. Das Ringen um das internationale Ansehen
wurde als unvermeidlich betrachtet. Und so nahm man hin, was
man glaubte auf lange Sicht nicht verhindern zu können: einen
Krieg in Europa, den man auf beiden Seiten noch für gewinnbar
hielt, vielleicht sogar «bis Weihnachten».

Die Entente-Mächte gewannen den Weltkrieg nach vier Jahren und mit Hilfe der USA, die 1917 auf ihrer Seite in den Krieg
eingetreten waren. Dennoch gab es in diesem Krieg letztendlich
nur Verlierer: die Millionen von Soldaten und Zivilisten, die
während und nach dem Krieg ihr Leben ließen; die unzähligen
Söhne, die auf dem Schlachtfeld fielen; die verwüsteten Städte
und Dörfer in Belgien, Frankreich und Galizien; die furchtbaren
seelischen und körperlichen Schäden der Überlebenden; die Auf-
lösung von Reichen mit einhergehendem Gebiets- und Bevölke-
rungsverlust.

In der Julikrise waren am Ende alle Regierungen der Großmächte für die Eskalation der Krise verantwortlich, einige mehr
(Österreich-Ungarn und Deutschland), andere weniger (Russland
und Frankreich) – und vergleichsweise am wenigsten Großbri-

tannien. Zu Beginn der Krise war dies anders – zu diesem Zeitpunkt hätten die Weichen noch anders gestellt werden können,
hätte ein Krieg vermieden werden können. Wenn wir also nach
den Kriegsursachen suchen, nach Verantwortung statt Schuld,
können wir nicht erst nach dem 23. Juli damit beginnen. Nur
fünf Tage nach der Ermordung von Franz Ferdinand, am 3. Juli,
schrieb der österreichische Militärbevollmächtigte in Athen,
Gabriel Tanczos, an Conrad: «Der Krieg würde uns über Nacht
zu einem Staate machen, der es ‹wagt›, einen Krieg zu führen.
Bei der *wahnwitzigen Angst, die – den Balkan ausgenommen –
ganz Europa vor dem Kriege hat,* würde uns allein der Mut, den
Krieg erklärt zu haben, ein solches Ansehen geben, daß unser
Besitzstand – das so bescheidene Ziel unserer äußeren Politik –
auf Jahrzehnte gesichert wäre. [...] Mit der Möglichkeit des
Mißerfolges habe ich nicht gerechnet: 1. da ich an den Erfolg
glaube, 2. da selbst ein parzieller Mißerfolg kaum schwerere
Konsequenzen haben würde, als die weitere Untätigkeit.» Und
als die Nachricht der russischen Generalmobilisierung im Berliner Generalstab am 31. Juli eintraf, gab es «überall strahlende
Gesichter, Händeschütteln auf den Gängen, man gratuliert sich,
dass man über den Graben ist».

Es war nicht vorhersehbar, dass in diesen Augusttagen ein
Krieg seinen Anfang nahm, der einem ganzen Jahrhundert seinen
Stempel aufdrücken sollte. Wäre sein Ausmaß voraussehbar
gewesen, hätte man vielleicht weniger siegessicher auf die Entscheidung gehofft, ob es an der Zeit war, die «Stiefel anzuzie-
hen [...] oder wie bisher in Pantoffeln weiter einher[zu]schlei-
chen», wie Generalstabschef Conrad am 2. Juli prahlte. Es ist
erschütternd zu sehen, wie leichtsinnig und sogar fahrlässig
diese Männer im Sommer 1914 einen Krieg begannen. Bedenkt
man noch dazu, dass sie sich – bei aller zur Schau gestellten
Stärke – nicht einmal des Sieges sicher waren, so ist es wohl
angemessen, von «verbrecherischer Unverantwortlichkeit» zu
sprechen (Stig Förster). Moltke hatte seinem Kollegen Conrad
noch im Mai 1914 erklärt, er könne nur «machen, was ich kann.
Wir sind den Franzosen nicht überlegen». Und Conrad meinte
sogar noch im Juli, «es wird ein aussichtsloser Kampf werden,

dennoch muß er geführt werden, da eine so alte Monarchie und eine so glorreiche Armee nicht ruhmlos untergehen können».
Man muss den Verantwortlichen dabei zumindest zugutehalten, dass sie bei aller Leichtsinnigkeit nicht ahnen konnten, welche unvorhersehbare Katastrophe sie mit ihren Entscheidungen heraufbeschwören würden.

Literaturverzeichnis

Die Literatur zur Julikrise und zur Vorgeschichte des Weltkrieges ist unüberschaubar. Im Folgenden kann nur ein kleiner Teil der wichtigsten Publikationen aufgeführt werden. Ausführliche Bibliographien finden sich zum Beispiel in Stefan Schmidt, Frankreichs Außenpolitik in der Julikrise 1914, Oldenbourg, München 2007 und Annika Mombauer (Hg.), The origins of the First World War: diplomatic and military documents, Manchester, Manchester University Press 2013.

I. Quelleneditionen

Bach, August (Hg.), Deutsche Gesandtschaftsberichte zum Kriegsausbruch, Quaderverlag, Berlin 1937

Baumgart, Winfried, Die Julikrise und der Ausbruch des Ersten Weltkrieges 1914. Auf der Grundlage der von Erwin Hölzle hrsg. ‹Quellen zur Entstehung des Ersten Weltkrieges. Internationale Dokumente 1901–1914› für den Studiengebrauch bearbeitet von Winfried Baumgart. Wissenschaftliche Buchgesellschaft, Darmstadt 1983

Behnen, Michael, Quellen zur deutschen Außenpolitik im Zeitalter des Imperialismus, 1890–1911, Wissenschaftliche Buchgesellschaft, Darmstadt 1977

Berghahn, Volker R., und Wilhelm Deist, Kaiserliche Marine und Kriegsausbruch 1914. Neue Dokumente zur Juli-Krise, Militärgeschichtliche Mitteilungen, 4, 1970, S. 37–58

Bihl, Wolfdieter (Hg.), Deutsche Quellen zur Geschichte des Ersten Weltkrieges, Wissenschaftliche Buchgesellschaft, Darmstadt 1991

Bittner, Ludwig, Alfred T. Pribram et al. (Hg.), Österreich-Ungarns Aussenpolitik von der bosnischen Krise bis zum Kriegsausbruch 1914, 9 Bde., Österreichische Bundesanstalt für Unterricht, Wissenschaft und Kultur, Wien and Leipzig 1930

Dedijer, Vladimir und Života Anić (Hg.), Dokumenti o spolnoj politici Kraljevine Srbije, VII/2, Srpska akademija nauka i umetnosti, Odeljenje istorijskih nauka, Belgrad 1980

Deuerlein, Ernst (Hg.), Briefwechsel Hertling-Lerchenfeld, 1912–1917. Dienstliche Privatkorrespondenz zwischen dem bayerischen Ministerpräsidenten Georg Graf von Hertling und dem bayerischen Gesandten in Berlin Hugo Graf von und zu Lerchenfeld, 2 Bde., Harald Boldt Verlag, Boppard am Rhein 1973

Die deutschen Dokumente zum Kriegsausbruch. Vollständige Sammlung der von Karl Kautsky zusammengestellten amtlichen Aktenstücke mit einigen Ergänzungen, Hg. Graf Max Montgelas und Walter Schücking, 5 Bde., Deutsche Verlagsgesellschaft für Politik und Geschichte, Berlin-Charlottenburg 1919

Die Grosse Politik der Europäischen Kabinette, 1871–1914. Sammlung der Diplomatischen Aktenstücke des Auswärtigen Amtes, Hg. Johannes Lepsius, Albrecht Mendelssohn Bartholdy und Friedrich Thimme, 40 Bde., Deutsche Verlagsgesellschaft für Politik und Geschichte, Berlin 1922–1927

Die österreichisch-ungarischen Dokumente zum Kriegsausbruch. Diplomatische Aktenstücke zur Vorgeschichte des Krieges 1914. Ergänzungen und Nachträge zum österreichisch-ungarischen Rotbuch, Hg. Republik Österreich, Staatsamt für Äusseres, 3 Bde., Bundesverlag, Wien 1919

Dirr, Pius (Hg.), Bayerische Dokumente zum Kriegsausbruch und zum Versailler Schuldspruch, Oldenbourg, München und Berlin 1925

Erdmann, Karl Dietrich (Hg.), Kurt Riezler. Tagebücher, Aufsätze, Dokumente, Vandenhoeck & Ruprecht, Göttingen 1972, Neuauflage 2008

Fellner, Fritz und Doris A. Corradini (Hg.), Schicksalsjahre Österreichs. Die Erinnerungen und Tagebücher Josef Redlichs, 1869–1936, 3 Bde., Bd. 1: Erinnerungen und Tagebücher 1869–1914, Böhlau, Wien, Köln, Weimar 2011

Geiss, Imanuel (Hg.), Julikrise und Kriegsausbruch. Eine Dokumentensammlung, 2 Bde., Verlag für Literatur und Zeitgeschehen, Hannover 1963/64

Gooch, G. P., und Harold Temperley (Hg.), British Documents on the Origins of the First World War, Bd. XI: The Outbreak of the War. Foreign Office Documents (28 June–4 August), London 1926

Hoetsch, Otto (Hg.), Die Internationalen Beziehungen im Zeitalter des Imperialismus. Dokumente aus den Archiven der Zarischen und der Provisorischen Regierung, Reihe 1: Das Jahr 1914 bis zum Kriegsausbruch, 5 Bde., Reimar Hobbing, Berlin 1931–1934

Hölzle, Erwin (Hg.), Quellen zur Entstehung des Ersten Weltkrieges. Internationale Dokumente, 1901–1914, Wissenschaftliche Buchgesellschaft, Darmstadt 1978

Ministère des Affaires Etrangères (Hg.), Documents diplomatiques français (1871–1919), Série 1914–1919, 4 Bde., Paris, 1999–2007

Mombauer, Annika (Hg.), The origins of the First World War: diplomatic and military documents, Manchester, Manchester University Press 2013

Röhl, John C. G. (Hg.), 1914: Delusion or Design? The Testimony of two German Diplomats, Elek, London 1973

Schwertfeger, Berhard (Hg.), Amtliche Aktenstücke zur Geschichte der Europäischen Politik 1885–1914. Die Belgischen Dokumente zur Vorgeschichte des Weltkrieges 1885–1914. Vollständige Ausgabe der vom Deutschen Auswärtigen Amt herausgegebenen Diplomatischen Urkunden aus den Belgischen Staatsarchiven, 5 Bde., Deutsche Verlagsgesellschaft für Politik und Geschichte, Berlin 1919

Siebert, Benno von, Diplomatische Aktenstücke zur Geschichte der Ententepolitik der Vorkriegsjahre, de Gruyter, Berlin, Leipzig 1921

Torre, A., Ministero degli affari esteri. Commissione per la pubblicazione dei documenti diplomatici (Hg.), I documenti diplomatici Italiani, Series 1–9 (1861–1943), Istituto Poligrafico e Zecca dello Stato, Rom 1954ff.

Williamson, Samuel R. Jr and Russel van Wyk, July 1914. Soldiers, Statesmen and the Coming of the Great War. A Brief Documentary History, Bedford/St Martin's, New York 2003

2. Studien zur Vorgeschichte des Krieges und zur Julikrise

Afflerbach, Holger, Falkenhayn. Politisches Denken und Handeln im Kaiserreich, Oldenbourg, München 1994

Afflerbach, Holger Der Dreibund. Europäische Großmacht- und Allianzpolitik vor dem Ersten Weltkrieg, Böhlau, München 2003

Afflerbach, Holger, und David Stevenson (Hg.), An Improbable War? The Outbreak of World War I and European Political Culture before 1914, Berghahn Books, New York 2007

Albertini, Luigi, The Origins of the War of 1914, 3 Bde., Oxford University Press, Oxford 1952–1957 (Neuauflage: Enigma, New York 2005)

Angelow, Jürgen, Der Weg in die Urkastrophe. Der Zerfall des alten Europa 1900–1914, Be.bra Verlag, Berlin 2010

Berghahn, Volker R., Germany and the Approach of War in 1914, Macmillan, London 1973

Bosworth, Richard J.B., Italy and the Origins of the First World War, Macmillan, London 1983

Clark, Christopher, The Sleepwalkers. How Europe went to War in 1914, Allen Lane, London 2012 (dt. Ausgabe: Die Schlafwandler. Wie Europa in den Ersten Weltkrieg zog, DVA, München 2013)

Dülffer, Jost, Martin Kröger und Rolf-Harald Wippich (Hg.), Vermiedene Kriege. Deeskalation und Konflikte der Großmächte zwischen Krimkrieg und Erstem Weltkrieg (1856–1914), Oldenbourg, München 1997

Ehlert, Hans, Michael Epkenhans and Gerhard P. Groß (Hg.), Der Schlieffenplan. Analysen und Dokumente, Schöningh, Paderborn 2006

Fay, Sidney Bradshaw, The Origins of the World War, 2 Bde., Macmillan 1928 (Neudruck Ishi Press, New York, Tokyo 2010)

Fischer, Fritz, Griff nach der Weltmacht. Die Kriegszielpolitik des kaiserlichen Deutschlands, 1914/18, Nachdruck der Sonderausgabe 1967, Droste, Düsseldorf 1984

Fischer, Fritz, Juli 1914: Wir sind nicht hineingeschlittert. Das Staatsgeheimnis um die Riezler-Tagebücher, Rowohlt, Reinbek 1983

Fischer, Fritz, Krieg der Illusionen. Die deutsche Politik von 1911–1914, Droste, Düsseldorf 1987 (¹1967)

Geiss, Imanuel, Der Lange Weg in die Katastrophe. Die Vorgeschichte des Ersten Weltkrieges, 1815–1914, Piper, München 1990

Hamilton, Richard F., and Holger H. Herwig (Hg.), War Planning 1914, Cambridge University Press, Cambridge 2010

Hastings, Max, Catastrophe. Europe goes to war 1914, William Collins, London 2013

Herwig, Holger H., und Richard Hamilton (Hg.), The Outbreak of World War I. Causes and Responsibilities, Cambridge University Press, Lexington, MA 1991

Hoffmann, Dieter, Der Sprung ins Dunkle. Oder wie der 1. Weltkrieg entfesselt wurde, Militzke Verlag, Leipzig 2010

Joll, James, und Gordon Martel, The Origins of the First World War, Longman, London, ³2007

Keiger, John F.V., France and the Origins of the First World War, Macmillan, London, Basingstoke 1983

Kronenbitter, Günther, ‹Krieg im Frieden›, Die Führung der k.u.k. Armee und die Großmachtpolitik Österreich-Ungarns 1906–1914, Oldenbourg, München 2003

Krumeich, Gerd, Juli 1914. Eine Bilanz, Schöningh, Paderborn 2014

Langdon, John W., July 1914. The Long Debate 1918–1990, Berg, New York, Oxford 1991

Lieven, Dominic, Russia and the Origins of the First World War, St Martin's Press, New York 1983

MacMillan, Margaret, The War That Ended Peace. The Road to 1914, Random House, London 2013

McMeekin, Sean, The Russian Origins of the First World War, Belknap Press of Harvard University Press, Cambridge, MA 2011

Meyer-Arndt, Lüder, Die Julikrise 1914. Wie Deutschland in den Ersten Weltkrieg stolperte, Böhlau, Köln, Weimar, Wien 2006

Mombauer, Annika, Helmuth von Moltke and the Origins of the First World War, Cambridge University Press, Cambridge 2001

Mombauer, Annika, The Origins of the First World War. Controversies and Consensus, Longman, Harlow 2002

Mommsen, Wolfgang J., Großmachtstellung und Weltpolitik 1870–1914. Die Außenpolitik des Deutschen Reiches, Ullstein, Frankfurt/Main, Berlin 1993

Mulligan, William, The Origins of the First World War, Cambridge University Press, Cambridge 2010

Neitzel, Sönke, Kriegsausbruch. Deutschlands Weg in die Katastrophe, 1900–1914, Pendo. München 2002

Neitzel, Sönke, Diplomatie der Generationen? Kollektivbiographische Perspektiven auf die Internationalen Beziehungen 1871–1914, Historische Zeitschrift, 296/I, Februar 2013, S. 84–113.

Rauchensteiner, Manfred, Der Tod des Doppeladlers. Österreich-Ungarn und der Erste Weltkrieg, Styria Verlag, Graz, Wien, Köln 1993

Röhl, John C. G., Wilhelm II. Bd. I: Die Jugend des Kaisers 1859–1888, Beck, München 1993; Bd. II: Der Aufbau der persönlichen Monarchie, 1888–1900, Beck, München 2001; Bd. III: Der Weg in den Abgrund, 1900–1941, Beck, München 2008

Röhl, John C. G., Kaiser, Hof und Staat. Wilhelm II. und die deutsche Politik, Beck, München 1988

Smith, David James, One Morning in Sarajevo, 28 June 1914, Phoenix, London 2008

Schmidt, Stefan, Frankreichs Außenpolitik in der Julikrise 1914, Oldenbourg, München 2007

Schröder, Stephen, Die englisch-russische Marinekonvention. Das Deutsche Reich und die Flottenverhandlungen der Triple-Entente am Vorabend des Ersten Weltkriegs, Vandenhoeck & Ruprecht, Göttingen 2004

Steiner, Zara and Keith Neilson, Britain and the Origins of the First World War, Palgrave Macmillan, London 2003

Stevenson, David, The Outbreak of the First World War. 1914 in Perspective, Macmillan, London 1997

Williamson, Samuel R. Jr, The Politics of Grand Strategy. Britain and France Prepare for War, 1904–1914, Harvard University Press, Cambridge, MA 1969 (Nachdruck Ashfield Press, London and Atlantic Highlands, NJ 1990)

Williamson, Samuel R. Jr, Austria-Hungary and the Origins of the First World War, Macmillan, London 1991

Wilsberg, Klaus, ‹Terrible ami – aimable ennemi›. Kooperation und Konflikt in den deutsch-französischen Beziehungen 1911–1914, Bouvier Verlag, Bonn 1998

Wilson, Keith M. (Hg.), Decisions for War, 1914, UCL Press, London 1995

Personenregister